| 未来教育家文丛 |

王志宏
与高新全人教育

王志宏 /著

WANG ZHIHONG
YU GAOXIN
QUANREN
JIAOYU

（第二版）

北京师范大学出版集团
BEIJING NORMAL UNIVERSITY PUBLISHING GROUP
北京师范大学出版社

图书在版编目(CIP)数据

王志宏与高新全人教育 / 王志宏著. —2 版. —北京：北京师范大学出版社，2021.9
ISBN 978-7-303-26828-3

Ⅰ.①王… Ⅱ.①王… Ⅲ.①中小学－教学研究 Ⅳ.①G632.0

中国版本图书馆 CIP 数据核字(2021)第 036718 号

营　销　中　心　电　话　010-58802135　58802786
北师大出版社教师教育分社微信公众号　京师教师教育

出版发行：北京师范大学出版社　www.bnupg.com
　　　　　北京市西城区新街口外大街 12-3 号
　　　　　邮政编码：100088
印　　刷：天津旭非印刷有限公司
经　　销：全国新华书店
开　　本：710 mm×1000 mm　1/16
印　　张：15.5
字　　数：215 千字
版　　次：2021 年 9 月第 2 版
印　　次：2021 年 9 月第 2 次印刷
定　　价：56.00 元

策划编辑：冯谦益　　　　　责任编辑：朱前前
美术编辑：焦　丽　　　　　装帧设计：焦　丽
责任校对：段立超　　　　　责任印制：马　洁

版权所有　侵权必究

反盗版、侵权举报电话：010-58800697
北京读者服务部电话：010-58808104
外埠邮购电话：010-58808083
本书如有印装质量问题，请与印制管理部联系调换。
印制管理部电话：010-58805079

序言　探索具有更整全人文性的现代化教育

在教育界，很少有人会反对"教育因人的发展而存在"之类的说法，因为在很多人看来这类说法直接点明了教育最为根本的人文性特质。但是，在具体认识和把握教育的人文性方面，各种不同的声音就出现了。

事实上，别说对教育人文性的理解存在争议了，就是对人本身的认识和理解在古今中外就有非常多且相互差异的观点。在古今中外的人性观上，很多说法都有不少支持者，都产生了非常大的影响。从性善论、性恶论到性有善有恶论，从宗教人性、自然人性到社会人性，从既定人性论到生成人性论，这些都是在历史发展中产生了广泛影响的人性认识论，时至今日还深刻影响甚至塑造了人类社会某方面的事物。和对人性的认识状况相似，人们关于人生意义和价值的认识同样差异很大，不同的人生意义和价值观把人生的内涵和目标导向了不同的方向，从入世到出世，从世俗到超越，从物质到精神。可以说，正是对人性、人生意义和价值认识的多元分歧格局让教育的人文内涵建设变得尤为具有挑战性。

理解教育的人文性有一个基本的框架，教育是从人本性指向人生意义和价值的活动。在这个框架中，很多人选择的简单化教育人文性建构策略就是选定一种人性观和一种人生意义和价值观，然后以射线甚至以线段的方式连接两者，从而构成了教育人文性的一个整体。事实上，这类做法在历史上是经常存在的，在当前关于教育人文性的认识中也不罕见。但是，这样的思路常常会出现以简单化思维处理复杂事物的弊端，虽显得重点突出和高屋建瓴但也不免挂一漏万和主观狭隘了。事实上，今天的很多教育探索背后都有一个不那么兼顾其他维度的教育人文性思路，只是不同的思路会在理性或情感、现代或传统、个人或社会、世俗或超越等维度上有自身鲜明的单一取向。这些教育人文性探索建设思路确实会起到对教育某一方面发展特别大的作用，但同时也显露出不少缺失。

比起追问哪种教育人文性探索建设更优，今天的教育者更应该追问的是如何能让教育的人文性更充实，即让教育具有更加饱满的人文性内涵更应该成为今天的教育努力方向。虽然，今天不同学科领域对人性、人生意义和人生价值的认识产生了很多差异和分歧，但是也让人们越来越可以看到对人的根本认识采用单一化的思维方式是有问题的。长期同时存在的很多差异化和分歧化认识及思路更明显昭示着对人的根本认识需要组合多元思路，需要在更普遍的视野和更高的格局中构建对人更加充实的根本认识理解。因此，对于今日之教育者来说，探索具有更充实人文性的全人教育是非常必要且可行的，但也是同时具有引领性和挑战性的。

第一次走入西安高新国际学校是在 2013 年，整个学校和王志宏校长在那个时候就给我留下了深刻的印象：校园很宽阔明亮，教育工作做得有独到之处，师生们很阳光，干部队伍很精干，王校长很喜欢谋划事情且常说"要教好我们的娃儿"……这样的状况让我感叹并产生了一个念头：我们当真来到了高新区，面向新时代的教育探索也可以走高新化的路子！因此，在学校已确立全人教育作为教育思想基础的情况下，我们形成共识：应该探索更具有整全人文性的高新版全人教育，把敢于创高求新的发展精神融入对教育人文性的整全追求中。在树立起高新全人教育理念之后，整个学校更积极而创造性地在方方面面的工作中贯穿着对高端、新颖和全人本教育的追求，从建设精美校园到成立少年科学院，从"双动五步"合作式科创课堂到欣美德育，从博融语文到智维数学，从高质量 STEM 课程体系到高水平教育研讨会……这些都是高新全人教育理念实践探索的组成部分。可以说，这些年来每一次走入这所学校，学校领导和老师都会特别兴奋地说"我们最近又做了一些教育探索"。

很有幸，在本书进行修改再版的时候被邀请写一篇序，我自认为还没有写序的水平，但可以用文字写下我的一些想法和感受作为对本书再版的祝贺！期待学校和校长继续进行那些值得让教育人激动的理念和实践探索。

余清臣

2021 年 5 月

前　言

　　我是一个有教育情结的人，这么多年来一直甘心在学校当老师、当校长，当得幸福，当得充实。我常常对自己说，非凡只有根植于平凡沃土，才能结出丰硕的果实；平凡只有孕育于非凡的拼搏，才能盛开出朵朵鲜花。西安高新国际学校是一部大书，一路走来，我翻阅着，思索着，规划着，实施着，经历着磨砺，享受着孤独。

　　不知不觉中走过了十年，让我把对未来的憧憬，变成了走向辉煌的积淀。在十年的发展历程中，以校园文化建设带动学校发展为思路，我和我的同事们上下求索，形成了"高新全人教育"的办学理念，为每一个独立的生命体终身发展负责，这不正是依托生命、激扬生命的教育吗？正如孩子们的口号"更高、更新、做全人"！十年的风雨，浓郁的文化弥漫在我们美丽的校园，她无声地传递着我校特有的文化和价值取向，又内化为一种强大的力量，成为师生追求真、善、美的圣地，分享着生命的神奇！

　　回首走过的十年，是难忘的十年。坚守和坚强成为价值的支撑点。清晨，走进校园，扑面而来的是一声声"校长好"，每一天都在孩子们天真烂漫的笑脸和稚嫩甜美的童音中开始一天的工作，我说我是幸运的，更是幸福的；暮色中，我把静谧留给临风的大树，却收不回自己的思绪，我说我是贪婪的，更是无止境的。时常萦绕眼前的孩子们让我仿佛年轻了再年轻。我习惯了俯下身去听，也习惯了轻声去说，有时特别想和孩子们一起追逐嬉戏，纵情呼喊。我的那一群可歌可敬的老师们总是让我感动着，他们默默地付出着、承担着，熠熠跳动的红烛，让人生的轨迹璀璨，把靓丽的青春延展，尽情体现着"累并快乐着"的博大胸怀。我和我的团队坚守着一份责任。坚守是恒心和毅力的升华，是信念和意志的体现。在"减负增效"研究、实施的紧要关头，我们用行动诠释着责任，丰富着学校的文化内涵，为自己赢得了进步与尊严。

未来十年，是充满希冀的十年，是厚积薄发的十年，是圆梦人生的十年！理想和信念把内心的崇高点燃。德学尚高，塑造健全人格；日新又新，求变有为发展。高新全人，是见证辉煌的新起点；高新全人，是成就梦想的新纪元！

忆往昔，挥洒汗水甘为人梯，耕耘默默育桃李无怨无悔；展未来，心怀梦想鹰击长空，一如既往搏风雨大显身手。怀大智者，必成大器，我们以"建设国际性、创新性、引领性的高新全人教育品牌校"为办学目标，成就心中最美好的梦！

王志宏
2021年1月

目　录

CONTENTS

第一章　高新全人教育的缘起与探索·1
　　第一节　全人教育：思想与脉络·3
　　第二节　"高新全人教育"：新的探索·9
　　第三节　"高新全人教育"理念体系·12

第二章　高新全人教育的管理·19
　　第一节　高新全人教育管理的特征与愿景·21
　　第二节　高新全人管理的创新追求·26
　　第三节　高新全人教育管理的人本追求·36

第三章　高新全人教育的教学·45
　　第一节　高新全人教育的教学观·47
　　第二节　高新全人教学的创新点·48
　　第三节　"双导双向五环节"课堂教学模式·55
　　第四节　"双动五步"合作式科创课堂教学模式·68
　　第五节　"智维数学"教学法·77
　　第六节　"博融语文"教学法·95

第四章　高新全人教育的课程·111
　　第一节　学校的课程价值定位·113

第二节　学校的课程结构体系·115

　　第三节　基于四大学习领域的课程建设·120

　　第四节　劳动教育课程体系·144

第五章　高新全人教育的德育·153

　　第一节　探索背景：学校德育的偏离与缺损·155

　　第二节　原理与目标·158

　　第三节　原则、途径与机制·162

　　第四节　方法与特色技巧·178

第六章　成就教师完满发展·193

　　第一节　永葆生命活力，做学生的精神益友·195

　　第二节　提高教学能力，做学生的学习良师·203

　　第三节　加强师德建设，争做学生人生导师·214

第七章　打造至高至美环境·223

　　第一节　高新环境育高新全人·225

　　第二节　环境：安全的才是教育的·227

　　第三节　饮食环境：一切为了学生健康·231

第一章 高新全人教育的缘起与探索

全人教育理论在世界范围内具有广泛影响力,其教育思想与实践探索对今天的中国基础教育变革具有现实价值,是应对变革困境过程中重要的思想资源。西安高新国际学校在全面、客观、深入分析全人教育理论的基础上,结合学校发展实际,提出了高新全人教育的办学理念,并积极推动学校定位高追求、推动新变革,使学校成为师生共同发展与全面成长的教育摇篮。

第一节　全人教育：思想与脉络

教育是一种培养人、发展人的活动。教育通过关注"人"，关注人的存在及其价值，进而实现教育本身最真实、最直接、最基础的价值。也就是说，教育的根本在于培养什么样的人，亦即教育的目的，正确应答培养什么样的人，就是寻找教育的灵魂，就是实现最"本真"的教育。在教育目的的表述上，历史上有"个人本位论""社会本位论"等观点，现实中也深深纠结于这些观点之中，或"非此即彼"，或"兼而共生"，但对教育目的的认识基本囿于已知而难有创新。时代在变，教育亦在变，时代不变，教育亦要变。传统的教育思维与模式已经与现实中人的发展需要产生了距离。

全人教育作为一种理论面目出现，是在对传统教育培养目的提出批评的基础上形成的，它反对将工具性目的凌驾于个人发展目的之上，认为应优先考虑个人发展。全人教育又称作"完人教育"。全人教育就是完美的人的教育，全人格的教育，人的多方面和谐发展的教育。日本教育家小原国芳认为，人的教育应该由六个方面组成，即学问、道德、艺术、宗教、身体和生活。学问的理想在于真，道德的理想在于善，艺术的理想在于美，宗教的理想在于圣，身体的理想在于健，生活的理想在于富。从六者的价值来说，他认为真善美圣四者具有绝对价值，而健和富则具有手段价值。这六个方面和谐发展，缺一不可。

在全人教育看来，教育不仅仅是为企业培养优秀雇员、为国家培养合格人才，还应充分发掘每一个人的基本潜能，培养人使之完整而全面地发展，使人在身体、知识、技能、道德、智力、精神、灵魂、创造性等方面都得到发展，成为"完整的人"。为此，学校教育中的教育理念、学习方式、师生观，以及学校中的教育内容和形式、课程与教学过程等，都要围绕实现培养完整的人这一目标进行合理而充分的设计。

一、全人教育的思想渊源和理论基础

全人教育的智慧来自古今中外的哲学家、教育家、政治家。他们的思想是全人教育的思想之源。孔子、孟子、蔡元培、陶行知、柏拉图、亚里士多德、裴斯泰洛齐、杜威、马克思等名人的教育思想，都一定程度上蕴含着全人教育的思想元素。全人教育理论产生于20世纪二三十年代，成熟和完善于六七十年代。80年代以来，全人教育再度兴盛并成为一种世界性的教育思潮。全人教育是受到欧美文化寻根、反主流文化运动、绿色生态运动以及人本主义思潮的影响而产生的。它批判科学技术的畸形发展所造成人们人文精神的缺失和人文价值的迷失，倡导摆脱工业化所带来的功利主义等。

（一）思想渊源

任何一种思想的生成，都有其赖以生长的思想资源。全人教育思想拥有丰富的思想渊源，主要包括如下三个方面。

一是和谐教育思想。和谐教育思想起源于古希腊的雅典。雅典教育所谓和谐是内在美与外在美的一致，是体力与脑力的和谐，是高尚心灵与健美体格的结合。雅典教育培养完整的、身心和谐发展的人的理想是通过对青少年实施体育、智育、美育、德育等多方面和谐教育来实现的。德育在雅典"和谐教育"中占有重要地位，柏拉图在《普罗泰哥拉》中说道："当孩子初入学时，就责成教师多注意孩子的品行，其次才是学习阅读和音乐。"从毕达哥拉斯到柏拉图、亚里士多德，都对和谐教育的理论多有论述，和谐教育在古希腊时期已经成型，并且成为西方教育的一个传统。

二是自由教育思想。"自由教育"这个概念正式出现是在古罗马时代，指的是"适用于自由人而非奴隶的教育"，同时也蕴含着"培养通达智能，而非培养专门技术"的意义。自由教育所涉及的科目包括修辞、文法、诗歌、音乐、哲学、数学和其他基本科学知识，这些学科被称为自由技艺或人文学科。自由教育地位的真正确立是在中世纪欧洲大学产生之后。我们一般认为中世纪大学中医学、法学、神学等学科（学院）的设立是以培养社会所需要的人才为目的的，但是具有预科性质的文学院却承担着教授"普遍知识"的职责。

三是人文教育思想。人文主义教育提倡理解与和平、人的尊严、自由与责任、尊重自然等价值。主张把价值教育放在整个教育的首位；把人性教育贯穿整个教育的全过程，使整个教育人性化；加强关于自由与责任的教育，将自由与责任作为当代伦理生活的核心。从某种意义上讲，全人教育思潮是人文主义教育在当代复兴的一个表征，是当代人文主义教育的一个支脉。在不同的背景下，人文主义教育的含义是不同的。比如，第二次世界大战前，日本巴学园强调的是培养孩子的自尊，而苏联的学校则注重认知与情感教育的平衡、集体意识形态与个人发展的平衡。尽管如此，全人教育中对学生个体内心的关注、对学生各方面平衡发展的强调等特征与人文主义教育的传统有着密不可分的联系。

（二）理论基础

一是整体论哲学。全人教育最主要的思想基础来自整体哲学论。整体论认为要素的特征由它与整体之间的关系所规定，整体论的关键词是"关系""整体"等字眼。有学者提出全人教育的整体论哲学基础可以被概括为三个概念：联结、整体性和存在。联结是指事物之间相互依赖的关系，整体性是指"整体大于部分之和"，存在指人经历现在，指人内心宁静、智慧、洞察力和诚实、可靠。隆·米勒将"整体"分为五个层次：人、社区、社会、地球和宇宙。

二是永恒主义哲学。永恒主义哲学的核心观点是所有事物都是不可分割的整体的一部分，它强调探求生命与存在的本源。永恒主义哲学强调认识宇宙的统一性要通过直觉，而人的直觉要通过沉思默想来培养，只有直觉才会使人更加清楚地观察到实在的内在关联。如果人们能认识到他们是宇宙统一体中的组成部分，就自然会感受到自己与他人的联系以及对他人的责任。

二、全人教育的基本观点及理论主张

（一）全人教育课程观

全人教育的课程观认为知识的获取不仅仅局限于课堂，而是包括课堂之外的地方，其课程内容要面向生活取材。怀特海认为："教育的题材只有一个，那就是生活的所有表现形式。"博耶和勒温则提出："课程应关注人类所共享的基本关系、共同经历和共同关怀。"我们可以试着下这样一个定义：课程就是每一个学生通过感受、观察、思考和参与所体验到的学校生活的总和。传统意义上的教室定义也随之发生改变，教室包括家庭、社区和世界，在这个大教室里每个人既是学习者又是教育者，传统教育中的学科内容变得不再重要。全人教育对课程的定义比较宽泛。首先，主张不同学科之间要建立广泛的联系，相互补充，相互融合。其次，课程要在课堂与外部世界间建立联系，教师要因时制宜，自己动手设计课程，而且学生本人也要尽可能地参与到课程设计中来。

全人教育把课程即教学内容视为生成的、建构的、动态的，而不是预设的、制定的，学习者与课程之间不是二元对立的关系，而是共同创造、共同演化的关系。基于这种课程观，全人教育课程目标的两大指向分别是促进人的发展，包括人的精神发展和心理发展两项；促进社会变革，鼓励学生投入到社会活动，服务于社区和社会。

（二）全人教育的教学观

全人教育的教学观围绕它的课程观展开，课程内容不同，教学方法也有所不同。但总体来说，全人教育推行一种整合学习。它是针对传统教育注重单项内容的传授，忽视多种内容的联系，忽视知识掌握与技能训练的联系这一特点而提出的。所谓整合学习是基于相互联系与整体性的原则之上的，它把学生视为身体、心灵、情感和精神完整发展的整体的人，它通过多种形式的共同体，发展一种在学科之间、学习者之间建立关联的教学方式。整合学习寻求学习情境中内容与过程、学习与评价、分析性思维与创造性思维等因素之间的动态平衡。同时，整合学习还具有包容性，它面向各种各样的学生，采取各种各样的学习策略，以满足学生多样化的学习需求。整合学习的目的是通过在知识内容与技能以及不同主题的内容之间建立广泛的联系，促进学生知识与技能的相互迁移，培养他们的分析性思维与创造性思维，使他们的多种能力得到发展。

（三）全人教师的培养

约翰·米勒认为全人教育的教师最重要的两个素质是真实和关怀。对全人教育而言，教师的教学技巧与策略并不是最重要的，过于注重技巧反而会削弱教师的真实性。面对学生，教师首先应该做到的就是保持自我的真实性，做真实的自己，以自己真实的内心世界去影响学生。教师如果是真实的，那么他必定就是关怀学生的，就会不加选择地与学生在一起，关怀使课堂成为师生之间、生生之间融洽相处的学习社区。

全人教师的培养主要包括沉思、想象和运动等方式。沉思可以帮助人们应对生活的压力，保持心理健康，还能够强化人的内心自我，促进人的创造力发展。想象是培养教师直觉的一种重要方法。在全人教育学者们看来，运动不仅是一种保持健康的生活方式，而且能够帮助人们熟悉自己的身体，倾听身体与心灵的联系。另外，身体健康的老师更能与学生进行良好的沟通。

(四)创建学习社区

学习社区的基本单位首先是教室，其次是学校。它不是对社区内任何人进行控制，而是为社区的学习者提供资源。克拉克认为这样的社区规模不宜过大，学校的"围墙"应该被打破，向整个周边社区开放，吸引家长、居民积极参与，成为带动社区文化发展的学习中心。

(五)环境教育

菲尔·甘提出，人类与自然之间的关系经历了四个发展阶段，即人类受制于自然、人类与自然共生、人类超越自然以及人类理解自然。当今世界，科学技术的迅猛发展使人类真正摆脱了自然界的控制，人类开始对自然界进行无尽的开发。然而技术的发展并不能完全解决随之而来的环境问题，只有重新调整人与人之间的关系，端正人类对自然界的认识与行为，人与自然和谐共生，环境问题才能得到解决。这需要人与自然的关系进入到第四阶段，即人类理解自然阶段。环境教育是全人教育的一个核心议题。其目的是通过培养人类的"生态素养"，使人类改变对待自然的态度和行为，理解自然，与自然和谐共存。理解、关怀、行为是生态素养的三个要素，即理解人、社会、自然界三者之间的关系，并以一种持续的态度(关怀)和行为来对待他们。

全人教育主张"以地球为中心"的教育，这种教育立足于7个假设：第一，所有的教育都是环境教育，环境教育并不只是某一门学科的任务。第二，环境问题具有复杂性，因为环境教育是跨学科的、多知识领域参与的教育活动。第三，环境教育并不只是学校的任务，它与人们的日常生活是分不开的，环境教育的地点也不仅限于学校，而是广泛分布于家庭、社会的方方面面，培养人的"生态人格"。第四，"生态人格"的教育必须在良好的对话过程中进行，人只有以一种平等的对话意识来对待自然界才能真正理解与尊重自然。第五，环境教育的方式与内容同等重要。环境教育是参与型的、实践型的，而不是单一的说教。第六，人在自然界中获取的直接经验有助于人理解自然，它需要人走进大自然，感受大自然。第七，环境教育是一种可持续发展教育。全人教育学者提出的环境教育是一种全新的概念框架，它不是指某一单一课程的教育，而是一种整合的教育，环境教育必须要成为任何学科教育的组成部分，它涉及学前教育到研究生教育的所有层次。

第二节　"高新全人教育"：新的探索

"高新全人教育"理念的提出

"高新全人教育"是一种有着深厚传统的教育思想，也是西安高新国际学校经过长期思考并在实践中进一步摸索之后确立的治校理念。

（一）"全人教育"理念的困境与突破

西安高新国际学校之所以确立"全人教育"理念，主要是基于学校为学生提供多方面和谐发展的教育的思考。目前，学校已经基本形成了"高新全人教育"所指向"人的全部"的教育，即将"全人"理解成"一个完整的个体"。因此，学校尽可能为每个学生提供适合的教育，提供能够满足学生兴趣的课程与社团活动。为了更好地理解和建设"全人教育"，我们对"全人教育"需要进行如下思考。

其一，只有以人格教育为核心，培育"全人"才真正成为可能。"全人"在一般理解下是指"全面发展的人"，这种理解下的"全人"在以往通常是通过培养学生若干方面的基本素养来实现的。但是，这里的困难是在不断发展的时代"若干方面基本素养"仍然不过是"全面的一部分"。为此，"全人教育"需要变换思路。"全人"主要针对"片面发展的人"而言，而今天真正可能又急迫需要关注的"全面发展"是人的内在全面发展，即"人的人格全面发展"。因此，"全人教育"不仅要培养各种切实的知识和技能，而且要培育学生"完整的人格"。只有具备"完整的人格"，人才能够具备掌握各种知识、技能的内在基础，才能内在地表现出"全人"的特征。

其二，"全人教育"需要从"人的全部"扩充到"全部的人"。包括历史上很多"全人教育"理论的提出者在内，很多人对"全人教育"的理解主要是在个体层面上，即要实现"人的全部"方面的发展。但是，从"全人教育"概念指涉的空间来看，"全人教育"的理念还可以扩充到"全部的人"的教育，即要努力追求把每个人都培养成"全部发展"的人。这是现代教育民主性、人道性的根本要求。

(二)"全人教育"的"高新"实践与"高新全人教育"

西安高新国际学校是西安市高新技术产业开发区所属的学校。西安高新技术产业开发区是1991年3月经国务院首批批准的国家级高新区。这是一个代表西安与西部高新科技产业前沿的领地，以其众多的"第一"成为陕西和西安最强劲的经济增长极和对外开放的窗口。可以说，这个区承载着我们国家对高新技术开发的强烈期待，也担当着引领发展的重任。作为这样一个区所属的被寄予厚望的学校(被命名为"国际学校")，西安高新国际学校同样有着对学校教育进行"高新"探索的使命，也有着引领学校教育发展的任务。因此，西安高新国际学校需要勇敢地探索如何进行"高新"的教育，需要建设成为对中国当代学校教育具有引领作用的"高新"学校。

与此同时，"全人教育"在当代也需要进行"高新"探索。从"全人教育"思想的历史实践来看,"全人教育"并没有一个放之四海而皆准的实践模式,在实施过程中有很多需要解决的深层次问题。因此,当代"全人教育"实践者也必然肩负着进行"高新"探索的重任,即如何实施高端而新颖的"全人教育"是当代教育实践者需要面对的问题。作为当代"全人教育"的实践者,西安高新国际学校需要对"全人教育"实施"高新探索"。

基于以上两个方面的原因,西安高新国际学校有必要提出"高新全人教育"的探索方向,并以此作为学校文化的整体定位。关于"高新全人教育",学校有如下认识。

首先,作为"高新全人教育"来源的"高新探索"与"全人教育"是高新国际学校集十年的发展经验所结成的果实。它是西安高新国际学校对自身的历史性总结。而且,这一总结又是贴切的,能够概括这十年来学校发展所体现的精神。我们反对那种从无到有的教育理念产生的方式,也反对那种贴标签式的教育理念产生方式。很多时候,正是对学校历史的认可和深度分析,才诞生出学校发展的新的生长点。

其次,"高新全人教育"理念是符合时代要求和国际教育趋势的。当前人类社会整体处于深刻的转型之中,青少年遭遇前所未有的人格、信仰等精神危机,人格不健全现象越发突出,而且越来越有低龄化倾向,人格的不健全必然生成新的病态。在这种情况下,"高新全人教育"中对于人格教育的重视在基础教育阶段的展开是十分必要且意义重大的。因此,"高新全人教育"符合国际教育发展的潮流,是构成"高新全人教育"实现国际化的坚实基础。

最后,"高新全人教育"符合西安高新国际学校的学生特质。通过调查,我们已经确认西安高新国际学校的学生初步具备了健全人格的特征。对于西安高新国际学校的学生以及学生家长而言,一般性或基础性发展已经不是他们要考虑的问题,现在需要考虑的问题是如何使人格朝着更加完整的方向发展,在健全人格的基础上追求更高的品质和新的境界。

第三节 "高新全人教育"理念体系

"高新全人教育"是基于"全人教育"理念的再创新与再思考。

一、"全人教育"的基本理解

"全人教育"运动兴起于 20 世纪六七十年代的美国,面对当时社会的叛逆和动荡之风,美国教育将目光转向培养学生"自尊、良好的人际关系、健康的身体、对生命的所有方面的尊重、建设性的社会参与、创造性和直觉思维,以及独一无二的人生经历"上,从而形成了以追求"人的整体发展"为主要目的的"全人教育运动"。日本的小原国芳在创建玉川学园时提倡"全人教育"。他认为教育的理想在于创造真、善、美、圣、健、富六项价值,也就是使受教育者在学问、道德、艺术、宗教、身体、生活六个方面得到均衡、和谐发展;他认为教育教学应遵循尊重学生个性的原则、学习自主性和独立性的原则、充分重视学生自学的原则、鼓励学生动手实践与劳动体验的原则和师生亲密、身教重于言教的原则;他认为教师应该具有以"求真、求善、求美、求圣、求健、求富"为内容的全人素养。小原国芳也强调人格健全的重要性。

"全人教育"的理念与我国教育所提倡的"促进孩子的全面发展""素质教育"是相通的。但是此理解还不具有自己的特点和创新的亮点,也是对于"全人教育"的窄化理解。因此,"全人教育"需要从三个层面来进行深化。

一是针对学生个体的,指个人的全部,正如小原国芳所提出的要使学生各个方面得到和谐发展。

二是针对全部的人。无论学生群体差异多大,都要给予适合的教育，全人教育不再只局限于个体的发展，而是指向了全体的发展。

三是针对人的人格而言。人格是人最为核心的价值体现，全人教育根植于"健全人格"的培养。

二、"高新全人教育"的基本内涵

"高新全人教育"，顾名思义，是把"高新精神和追求"融入"全人教育"的结果。这种融入主要产生两个层面的变化和成果。

一是形成"高新"的"全人教育"。"高新"的基本内涵可以理解为"高端和新式"，"高新"的"全人教育"即"高端而新式的全人教育"。理解"高新"的具体标准还可以参照产业界的理解。在产业界，评价一个企业是否是"高新企业"，有四大标准：具备核心自主知识产权、具备科技成果转化能力、具备研究开发的组织管理水平、具备成长性能力。那么对于学校教育而言，这四条标准也同样适用。首先，学校教育要具备核心自主知识产权。这主要指学校教育要具有自己的教育思想与体系。其次，学校要具备将高新的教育思想与体系转化成教育行动的能力。再次，学校要具备一流的管理水平和先进的开发团队，如学校的校本课程的研究团队。最后，也是最为重要的，学校要有不断发展的动力和活力。这是能保证学校不断发展的源泉。这四条标准也是一所"高新"学校所要追求的。

二是形成"高新全人"的"教育"。这个方面主要是指培养"高端而新式、全面发展的人"的教育，是把"高端而新式"的精神和追求内化到受教育者发展目标的结果。这里"高新全人"的形象是在健全人格的基础上追求"高端而新式"发展的人。

总体上，"高新全人教育"可以理解为：全人教育的高端而新式的探索，在培育学生健全人格的基础上促进其高端而新式发展的教育。

三、高新全人教育的核心价值观：全人本、高品质、新智慧

基于对"高新全人教育"基本内涵的理解，我们认为西安高新国际学校必须以"全人本、高品质、新智慧"为核心价值观。这是西安高新国际学校能够建设高新全人教育体系的关键所在。具体来说，高新国际学校的核心价值观内涵如下。

（一）全人本

基于"以人为本"的关怀，提出更具有人本化精神的"全人本"。"全人本"意味着以全部的人为本，以及以人的全部为本。作为核心价值观，全人本有两重含义：一是要求人能够充分尊重所有的人，尽可能满足所有的人的正当需求；二是要求人能够以"人的全面"为本，即充分尊重人的全面性需求而非片面性需求。全人本提出对人道、人格的尊重和追求。

（二）高品质

品质是指人的行为和作风所显示的思想、品性、认识等实质，高品质是高明的思想、品性和认识。作为核心价值观，高品质是要求人能够追求高明的思想、品性和认识，体现出对高明状态的追求。

（三）新智慧

智慧是指能迅速、灵活、正确地理解和处理事情的能力，新智慧在这里有两层意思：一是指能够保障不断创新的智慧；二是指不断更新的智慧。作为核心价值观之一，新智慧就是要求人不断更新能够创新的智慧，体现出对不断创新的追求。

四、培养目标：培养具有全人格、高德学、新智慧的高新少年

在培养目标上，高新全人教育着眼于培养一种高新少年，即兼备全人格、高德学、新智慧而达到高新状态的少年。具体来说，"高新少年"在具备学生个体一般素养的基础上要重点突出三个方面。

（一）全人格

这是"全人本"核心价值观在育人方面的体现，也是高新少年的坚实内核。20世纪80年代开始，世界各国的教育就逐渐由单纯的智力教育开始转向重视人格的教育。但是当前，学校的人格教育并不乐观，理念与实践出现了脱节现象。学校多以分数作为评价学生的唯一标准，以分数作为评估教学质量的标尺，片面强调知识的灌输，而忽视了学生人格的发展。高新国际学校提出培养学生的全人格，实际就是对这种现象的一大批判，也是对完整人的一种教育。人格的内容非常广泛，比如，生活信念、追求超越、生命动力、社会情感、生活风格、创造性自我等，这些都不能割裂开来，不是独立存在的，而是密切相关，综合成为一个有机组织——完整的人。因此，完整的人格是具有内在统一性的，一个有血有肉的活生生的正常人，总是能够正确地认识和评价自己，能及时地调整在人的心理世界中出现的相互矛盾的心理冲突。

（二）高德学

这是"高品质"核心价值观在育人方面的体现，是高新少年现实发展的结果。古时的"经、史、子、集"中包容着大量的德学。坚持德和学，是中华民族的优良传统。"德"与"学"都是"高新全人教育"中不可缺少的重要组成部分，是"高新全人教育"的显在部分。"德"指的是高尚的道德情操，把提高道德修养作为提高自身综合素质的核心和灵魂。

"学"本义为学问，现指掌握的知识与才能，可以包括很多方面的学习成果。但这里的"学"并不是狭义上的书本知识的学习，而是更广泛意义上的学习，包括了解社会和认识客观世界的层面，而且还能不断地发现问题、解决问题以及创新知识。在扎实掌握基础知识的基础上，学会自学，提高获取新知识的能力。德与学是培养高新少年的重要层面，也是少年之"高新"特征集中体现之处。

（三）新智慧

这是"新智慧"核心价值观在育人方面的体现，是高新少年的发展动力之源。从育人方面来看，新智慧是保障不断创新的智慧，是通过提出问题、探究问题、解决问题而实现创新的能力。具体来说，新智慧应该包括：发现问题的智慧，能从已知事物的不足中、未知事物的想象中寻找到迈向"高新"发展的方向；探究问题的智慧，能够从复杂多变的事物变化中把握其中的实质，找到其突破的关键；解决问题的智慧，能够有创见性地提出针对问题的策略，形成特定的方式与方法。

五、办学目标及办学使命：建设国际性、创新性、引领性的高新全人教育品牌校，为每个孩子的完整发展提供更适合的教育

办学目标和办学使命可以说是一体的，办什么样的学校就是办具有什么样使命的学校。依据"高新全人教育"的理念，我们将西安高新国际学校的办学目标定为"建设国际性、创新性、引领性的高新全人教育品牌校"。同时，学校的办学使命确定为"为每个孩子的完整发展提供更适合的教育"。

（一）办学目标

建设国际性、创新性、引领性的高新全人教育品牌校。从根本上说，西安高新国际学校的发展目标定位为"高新全人教育品牌校"，这

一方面表明学校创造性地提出了"高新全人教育"理念，另一方面也表明学校要把这个理念充分实践，使之成为现实。从特征上说，西安高新国际学校要建设的"高新全人教育品牌校"应具有"国际性、创新性、引领性"的特征，具体理解为：国际性在回应校名的基础上表明学校对"高新"的追求、对"全人教育"的探索是在国际视野下进行的，是要努力在国际同行中成为"高新全人教育品牌校"；创新性是再次表明学校要靠不断创新来实现建设"高新全人教育品牌校"的目标；引领性是学校建设"高新全人教育品牌校"的根本目标，即想探索一种可供同行借鉴的办学方向。

（二）办学使命

为每个孩子的完整发展提供更适合的教育。这是基于"高新全人"的教育理念而提出的。首先，针对孩子的完整发展。这是基于"人格"教育提出的，以培养孩子的完整的人格。完整的人格是健康成长的前提和基础。其次，提供给孩子一种更适合的教育。针对不同孩子的特点，提供适合孩子个性发展的教育，体现了教育"以人为本"的思想。

六、校训：德学尚高，日新又新

校训来源于学校的著名校长对师生的训诫。优秀的校训应该充分体现学校文化的核心和灵魂，校训的具体内容应该是师生都应该遵循的行为准则和道德规范，对师生的思想起引导作用、对师生的情感起升华作用。根据"高新全人"的教育理念，校训被定为"德学尚高，日新又新"。

（一）德学尚高

《论语》云："德之不修，学之不讲，闻义不能徙，不善不能改，是吾忧也。"这里的"德学"表明了人应该具备的两个基本方面：品德与学问。"德学尚高"在这里表达了在品德与学问方面应该不断求得更高，这是高新全人教育中"高品质"的一个集中体现。

（二）日新又新

语出《大学》，原文为："苟日新，日日新，又日新。"基本意思为要不断地更新和成长。这里用作校训主要是表明"高新全人教育"对不断创新的内在追求，既体现在人的发展方面，又体现在学校的发展方面。

第二章 高新全人教育的管理

高新全人教育的管理理念秉承高新全人教育的"全人本""高品质""新智慧"的核心价值观,形成了全人本、高品质、新境界的管理核心价值观。在实践这种管理理念的道路上,经过近十年的实践与探索,逐渐形成了"追求永续创新的人本化管理"的高新全人教育管理特色,即一方面,管理要为"高新全人教育"的不断追求创新服务,引领学校和学生创新性发展,另一方面要以人作为管理的出发点,在管理中突出人的主体地位,尊重和满足师生的正当需求。

第一节　高新全人教育管理的特征与愿景

一、高新全人教育管理的基本特征

（一）高新全人教育管理追求创新

学校管理需要围绕提高学校教育有效性，对各种资源和事务进行统筹安排。在学校管理中应当根据学校自身特点，在组织方式上或是制度方面做出改变，而高新全人管理注重通过外在管理方式和制度的个性化构建，进而影响教师创新性发展与学生创新性成长。高新全人教育管理的创新不仅体现在管理形式的创造性建构，而且表现为通过管理为师生营造创新发展的空间，支持学生创新智慧的不断发展。高新全人管理注重以"人"的不断发展来充分开发学校发展的潜能，以人的创新性发展带来学校不断发展的动力。而学校不断发展的要求来自"高新全人教育"对师生所做的承诺。因此，高新全人教育的管理所追求的"创新"是一种以促进所有师生全面地、高品质地发展为目的的创新。

创新包含着"更新""改变"和"产生新事物"等意思，是一种从无到有，从有到优的过程。高新全人教育管理的创新特征一方面努力将自身实践中已具备的特点进一步优化和升华，将其打造成自身所独有的标志性特色；另一方面高新全人的创新必定是一种能与外界有效沟通的创新，是一种能及时把握外界变化、接受和吸纳外部新思想的创新。内部的优化升华使高新全人教育牢牢保持着自身的发展方向和定位，外部关注使高新全人教育能时时把握社会脉搏，走在教育发展的前列。因此，高新全人教育管理是一种追求内外兼顾，既保持学校文化传统又保持创新活力的管理模式。为更好地满足高新全人教育管理的追求，学校专门设立了"学校发展研究中心"，为管理提供必要的智力支持。

高新全人教育管理最深层次的创新特征乃是在学校中形成追求创新的文化，这是由全体师生自主追求创新而形成的共同的学校生活方式。只有在这样的文化氛围中才能使学校的管理保持充分的柔性和灵活性，学校中的每个人才会有持久的创新活力，学校对于师生的创新之举才会有更大的包容和接纳，对外界的变化才会有及时有效的应对，也只有在追求创新的文化中才能让学校突破发展的种种障碍，化劣势为优势，最终实现发展目标。

(二)高新全人教育管理崇尚人本

高新全人教育管理的另一个突出特征是崇尚人本化管理，即学校管理以人为本，将人作为管理的中心和主体，管理方式人性化，体现人文关怀。通过满足师生的正当需求，来激发师生的主观能动性，增强师生的责任感、归属感，增强学校的凝聚力和创造力。高新全人教育管理不仅仅是技术层面上的管理，还是对学校生活方式的人文关怀，体现出管理温柔和温暖的一面。如毛泽东同志所讲，"世间一切事物中，人是第一个可宝贵的""一切物质因素只有通过人的因素，才能加以开发利用"，因此在高新全人教育管理中"人"本身是无可非议的第一关键要素。

高新全人教育管理的人本追求首先是"为了师生发展"，即学校发展和师生发展相一致，以师生发展为终极追求，在师生发展中实现学校的发展。因此，"为了师生"的管理必定是保持师生高积极性、充分释放师生潜能的管理。其次，人本化高新全人教育管理以尊重所有师生为管理基本原则。按照马斯洛的需要层次理论，人具有获得尊重的需要。如果师生的这种需要未能得到满足，作为主体的"人"便无法感觉到作为学校一员的自豪感。不被尊重也意味着"人"是可以被替代的、可被随意支配的，在这种情况下人会变得消极、毫无动力，更遑论创新。只有在尊重人的基础上，才能进而做到理解、关心人和信任人，才会有人的积极性和创新性。尊重人意味着在管理中需要创建民主的氛围，在民主中形成人与人之间平等的互动方式。最后，高新全人教育管理的人本特征关注师生个性化需求，即高新全人管理不仅是整体上的人本化关怀，也关注每个师生不同的需求。因此，高新全人教育管理追求切实考虑在不同环境中和不同条件下，每个人的忧虑和希望、兴趣和厌恶等矛盾、复杂的人性特征。

高新全人教育管理的人本特征和创新特征是相辅相成的关系，只有在充分关注人、以人为发展第一资源的人本氛围中，才会形成接纳创新、追求创新、敢于创新的学校创新精神；同时，高新全人教育管理的创新特征也进一步促使学校管理的人本化，促进人把潜能尽情释放，因此，只有在人本化管理中才能给予人充分的信任、充分关注人的合理需要、尊重人的主体性，形成对人更积极的期待，从而为实现全体师生全面发展提供必要条件。高新全人的人本和创新特征的追求构成和体现了高新全人教育管理的核心理念："全人本""高品质""新境界"。高新全人教育管理的人本和创新有机结合形成了独特的管理风格，即永续创新的人本化管理。从对象来看，其关注了全体师生的各方面潜能的充分发展，是"全人本"的体现。从目的来看，师生的发展是全面的、创新性发展，这种发展不是静态的，每一阶段的发展都是后续发展的基础，是一种持续不止的发展，体现出师生对高明思想、品性和认识永无止境的追求，是"高品质"管理理念的体现。从该风格本身来看，其超脱了人本管理和创新管理两种当前主流管理模式，以西安高新国际学校为实践背景，融合二者特点，形成了全新的管理风格，将原有的管理提升到了一个新的境界，并以之为进一步发展的新起点，这体现了"新境界"的管理理念。

二、高新全人教育管理的愿景

高新全人永续创新的人本化管理首先需要取得全体师生的认同，这也是成功管理的必要前提。每个人在学校生活中都有自己的发展目标，从校长到教师再到每个学生都有自己的个人目标。管理活动就要充分关注每个个体的目标是否实现，而每个人目标的实现离不开整个学校发展目标的实现这个前提。因此，形成并认同高新全人教育管理的共同愿景是我校管理的基石。

实现学校愿景是高新全人教育管理的目标，作为校长，在实现学校的共同愿景中，需要充分了解学校每位师生的心声，通过问卷调查了解每位教师对校长的宝贵建议和真切感受。在与他们面对面的交流中，更加明晰了学校发展目标的定位，也更加切实地体会到了教师的需求。以下是校长就学校发展规划纲要的草案征询四位老师的意见：

校长：学校在三年发展规划中提出，"积极利用好区级、市级、省级教学能手、骨干教师、学科带头人的评选标准，结合学校实际情况，根据教师的工作实绩、教学水平，推出优秀教师，并大力进行培养"，你们怎么看？

陈老师：我非常赞同学校在这方面的做法。要创建一流的品牌，就必须打造一流教师队伍。省市区级教学能手、骨干教师和学科带头人业务过硬，工作认真，处处能起到带头作用，具有较强的感召力。

韦老师：希望每学期多安排一些骨干教师推出公开课，让大家共同学习提高。骨干教师的课堂教学往往是他们教学理念的体现、教学经验的凝结和教学智慧的展示，能够给广大教师以思考和启迪。

刘老师：建议学校多举行一些骨干教师的经验汇报会或专题讲座。骨干教师成长的历程是一种有价值的、可利用的资源，又因为他们就在广大教师的身边，因此把他们的经验、研究成果展示出来，更亲切生动、令人佩服。

王老师：希望学校培养出越来越多的名师，希望自己将来也成为名师。

这种类似的谈话和意见征询在推出学校三年发展规划纲要之前进行过多次，每次谈话都能给校长非常多的启发和感触，随着倾听和交流次数不断增多，不断深入，"三年发展规划纲要"越来越清晰，越来越充实，真正体现了每个高新国际人的共同意愿。正是在这种不断倾听，不断丰富补充中我们终于出台了《三年发展规划纲要（2013—2016年）》，其中"学校愿景"部分凝聚了全体师生的共同梦想，为我们未来三年发展指明了方向，也给我们未来发展带来充足的信心：

【学校愿景】坚持高位均衡发展，丰富并提升"高新"全人教育理念，以"全人本、高品质、新智慧"为核心价值观，高标准、高水平实施义务教育，增强学生可持续发展的动力与活力，培养具有全人格、高德学、新智慧的"高新"少年；积极谋求学校新的发展，加强内涵建设，努力建设国际性、创新性、引领性的"高新"全人教育品牌校。

对于学校发展的共同愿景，每个教师都表现出了高度支持，因为它表达出了每个人内心所追求和向往的心声，启动了学校追寻梦想的脚步，更重要的是它由全体师生民主通过，表达了师生们的内在需求。正如一位老师在她的日记中写道：

我校虽说是一所民办学校，但却是一个没有主雇关系的学校；学校是教职工利益共同体，发展的重任大家共担，发展的成果大家共享；学校的办学一直以来坚持公益办学性质，不存在任何人、任何集团的私利。学校虽然建校只有10年，但在高新全人教育理念的指导下，发展态势良好，并为每一位教师实现理想提供了平台。

学校发展有了共同目标和愿景才能凝聚全体师生的力量，有了让每个人都认同接受的正确的发展方向，才能将宏观目标具体化为各项工作的小目标，才能正确掌握学校各项工作的得失。

第二节　高新全人管理的创新追求

西安高新国际学校在 10 年的发展中，经过不断整合精简，形成了完善的管理组织系统，保证了学校管理的有序性和灵活性。一个完善的组织系统的建成是建立在各个分工明确并能相互协作的团队基础之上，各个团队就好比机器的零部件，承担不同职责，但彼此之间又能有效、积极地配合。

一、管理功能"中心"化

在西安高新国际学校，我们兼顾实际工作的需要以及未来发展的需要，建成了承担不同功能又能紧密合作的团队，即 6 个"中心"。这 6 个中心包括行政中心、后勤中心、学生中心、教科研中心、教师中心、艺体中心。每个中心各设主任一职，总管本中心的事务，同时按照功能划分，将行政中心和后勤中心归为行政、后勤工作团队，属于保障性质的工作团队。其余 4 个中心则归为教育教学团队，直接负责师生发展工作。这两类团队由两位主管副校长负责，而两位副校长向校长负责。这种设置将学校管理的重心进一步下移到负责学校具体事务的教师层面，使管理更贴近教育教学工作实际。这 6 个中心处于管理权力的同一层面，同时又受到统一领导，因此更有利于彼此合作、相互促进，使整个组织系统的能量远大于各中心之和，在整体有序的配合中每个中心的功能都得到了最高水平的发挥。

每个中心的设立最终的目的是为了全体师生的发展和成就，这决定了每个中心都有追求创新和人本的责任，都需要贯彻学校的核心价值观，为高新全人管理的"创新"和"人本"服务。

二、创新性管理引领师生全面发展

（一）读书制度促进教师发展

西安高新国际学校成立了"教科研中心"，主要负责"制定学校科研规划、学期科研工作计划，组织实施""指导教师制订各种计划""组织开展课题研究""开发校本教材，编写校本作业"以及组织教师学习、培训等事务。这些功能既为学校高质量常规教学提供了有力保障，又为教师不断发展奠定了制度基础和管理保证。

西安高新国际学校将创新作为学校的重要追求目标，这就要求教师不仅要会教，而且要会学。在这个知识和信息呈指数增长的时代，学会不断补充和更新知识并完善知识结构是每个人尤其是承担育人任务的教师所必备的能力。基于这样的认识，我们在教师学习发展方面形成了不断完善的制度。高新国际学校的"教师读书"是促进教师不断发展的有效方式，通过读书让教师开阔视野，增强自我发展的能力。为保障教师读书有效开展，我们形成了"读书制度"。考虑到保证"读书制度"普遍实施的问题，由校长亲自任组长，与两位副校长及几位中心主任组成了起带头和督促作用的读书活动领导小组。为了鼓励教师的读书热情，学校建立了有关读书计划的管理、评价和激励等规章制度，并成立读书小组，定期进行读书心得交流、专题讨论等，以保证读书的效果。我们在每个学期为教师制订了读书计划，让大家有个明确的读书方向。以下是我们2019年为教师制订的读书计划。

西安高新国际学校教师读书活动计划

为提高广大教师的综合素养，促进教师专业成长，努力造就一支"师德高尚、业务精良，具有现代教育思想、扎实专业知识、良好教学方法、较强科研能力"的高素质教师队伍，打造书香校园，特制订我校教师读书活动计划：

一、指导思想

以提升教师的专业素养为重点，以营造浓郁书香校园文化氛围为目的，在学校形成读书热潮，引导教师"多读书，读好书，好读书"，不断更新教育理念，进一步促进教师的专业化成长，逐步推进学习型校园建设，为学校建设增添活力。

二、活动目标

1. 营造读书氛围，让广大教师从优秀作品中汲取营养，开阔视野，丰富知识，从而提高教师的文化底蕴和文化修养，使教师成为"有思想的教育者"。

2. 学习教育理论，更新教育观念，丰富教育智慧，促进教育创新。

3. 搭建教师交流平台，切实解决教育教学中的问题，实现教师专业水平和学校办学品位的同步提升。

4. 创建学习型组织，以教师的读书行为引领学生养成良好的读书习惯。

三、活动方法

1. 读后写——形成书面感悟。

将自己在读书中的收获、感悟和反思等以读书心得的形式形成原创性的书面材料。（每学期一篇）

2. 读后说——交流、研讨、反思。

以教研组、备课组为单位组织沙龙活动，开展研讨，定地点、定时间、定主题，将从研讨过程中获得的理论、思想、观点与自己的认识和做法相对照，互相启发，共同提高。

3. 读后做——理论指导实践。

每位教师都应把读书学到的理论思想、观点用来指导教育教学，改进学科教学、德育工作和管理工作，全面实施素质教育。

四、活动策略

1. 提高认识，重视阅读。我们将通过每周的教研、备课活动分享阶段读书情况，激发教师读书的兴趣，使教师从思想上重视读书。

2. 为切实落实教师读书活动，全体教师要根据学校要求，结合自己教育教学工作实际，选定自己阅读的文章、刊物或教育专著，制订自己的个人读书计划。

3. 落实阅读书目。加强和完善图书室、阅览室建设管理，让"沉淀"的图书"流动"起来，使之成为教师借书、读书的开放港湾。

五、保障措施

1. 加强领导，健全组织。

成立读书活动领导小组，为读书活动提供组织保障。

组　　长：王志宏

副组长：李宏延　刘鹤蕊

成　　员：洪　霞　李慧萍　张思铎

2. 学校建立有关读书计划的管理、评价和激励等规章制度，把读书情况纳入常规管理，及时检查总结、量化考核、反馈指导，确保读书活动取得实效。

3. 学校将把教师读书计划纳入校本研训计划，把读书活动与校本教研、校本培训有机结合起来。

4. 成立读书小组，定期进行读书心得交流、专题讨论等。

培根说："读书足以怡情，足以傅彩，足以长才。"在以后的日子里，即使蜘蛛网尘封了我们的炉台，即使灰烬的余烟叹息着贫困的悲哀，我们依然会固执地铺平失望的灰烬，用美丽的雪花写下：沉醉读书，相信未来！让我们自己打开书本，打开自己的成长之门，走向人生发展的最高境界吧！

以计划的方式落实读书任务，既保证了教师读书活动的有序进行，又是充分尊重教师的体现，因为读书计划正是在征集了教师意见的基础上形成的，反映了教师最真实的需求。同时，我们在计划中体现出了将读书和实践相结合的思想，通过读书促进教师对教育实践的认真思考和反思，在思考和反思中实现成长。这种成长体现在教师将最新的教育理论和思想转为具体的教育行动和教育思考上，且看我校的一位教师针对如何将教育理论转化为教育行动提出的建议。

我拜读了袁振国教授的《教育新理念》这本书，很受启发。对现有教育实践中的各种现象有了更清楚的认识，对各种教育教学手段和方式的运用有了更深入的思考。

…………

一定要小组合作才是合作学习吗？

合作学习是转变学生学习方式的重要策略，在学生合作学习过程中，过程与结果并重，课堂上培养学生的合作意识必须是通过有效的合作学习来实现，在思维碰撞、方法共创的氛围里使学生体验到合作的真正意义。因此，现在许多研讨课都采用了同桌讨论、小组交流等学习方式。但也应该看到，由于过多、过急地采用小组讨论交流，特别是优等生独立思考的时间过少，使部分学生产生思维惰性，从一个极端走向另一个极端。其实小组交流、跨组交流、全班交流，只要是有效的都是合作学习。有的教师片面理解合作学习的意义，认为只有小组合作学习才是合作学习，忽略了学生独立思考这一重要问题。如何有效组织合作学习呢？

对策（一）独立思考，学会提问。

对策（二）开放式学习，互动交流。

....

(选自朱丹老师的《教育新理念》读书心得)

通过读书更深刻地理解和把握教育，将最新的教育理论转化为教育实践，这是西安高新国际学校创新性的重要展现，也是高新全人教育管理的重要追求之一。随着读书活动的有效开展，读书已成为教师的日常生活方式，学校为教师读书提供了包括时间在内的各种保障，教师在读书中收获智慧，感受幸福。

读书制度的有效实施离不开各个中心的有效配合，读书制度及其相关激励制度的制定和完善需要经过"行政中心"整体协调和确定。同时"后勤中心"负责为教师读书活动购买和发放图书。"教师发展中心"则负责教师读书活动的推进执行。读书制度虽是西安高新国际学校的众多制度之一，但深刻反映了我们对管理的创新性的追求以及管理的有效性。

(二)读书制度促进学生发展

西安高新国际学校的读书活动不仅在教师中展开，而且是学生发展管理中的重要活动。"学会学习"是保证学生拥有不断创新的智慧的基础，也是学生自我发展的重要途径。除了常规学习之外，要使学生成为"全人格、新智慧、高德学"的"高新少年"，有品质的阅读是必不可少的。促进学生有效阅读是高新全人管理所要关注的。为此我们制定了《西安高新国际学校读书活动方案》《西安高新国际学校学生阅读书目推荐》《西安高新国际学校读书卡》《"读书之星"评比方案》等一系列读书计划和保障性政策文件。在学校层面我们制定了"学生读书工程实施方案"，为整体开展学生读书活动做了规定和说明。同时全校上下非常重视学生读书活动，成立了由校长和副校长担任正副组长的"读书活动领导机构"，成员包括各个中心的主任，这样便能协调全校各中心的力量为学生的阅读活动提供有力保障。同时这种各层管理一把手全体参与管理学生的读书活动，保证了学生读书活动卓有成效地开展，也是将读书活动打造成学校特色的重要基础。学校根据每个学期具体情况制订一次学生读书实施方案，以充分满足学生发展需求为根本出发点。实施方案从指导思想、活动目的、活动主题、读书活动过程等方面，在充分调查学生需求的基础上，对学生读书活动做了宏观的规定和指导。如我们在2013～2014学年第二学期制订了如下学生读书方案。

捧起一本好书，就是捧起一个伟大的思想；翻动一篇文章，就是翻动一个宽阔的海洋。我们在读书工程的引领下，正慢慢地去除浮躁，营造良好的书香氛围。为了更好地带动学生一起读书，为了使读书活动开展得更加丰富、具体，为了让每一个人体会到读书的快乐，本学期，结合我校实际情况，特制订如下实施方案。

一、指导思想

以培养学生良好的读书习惯为重点，以新颖活泼、形式多样、内容广泛的读书活动为载体，努力营造内涵丰富、特色鲜明、积极向上的学校文化，让浓郁的书香溢满校园。

二、活动目的

通过开展读书活动，营造积极向上、健康文明的校园文化氛围，激发学生读书兴趣，养成良好的读书习惯，让书籍为学生打开知识之窗。

三、活动主题

全员阅读　领悟方法　同享快乐

四、"读书"活动领导机构

组　　长：王志宏（校长）

副组长：刘鹤蕊（副校长）

成　员：洪　霞　张思铎　李慧萍　王晓娟　侯桂芬

五、读书活动过程

（一）准备阶段

1. 各教研组制订读书计划，列出本学期读书书目。

2. 各教研组研讨阅读方法，在学生读书前进行方法指导，做到有效读书，不流于形式。

（二）实施阶段一

做到三明确，一落实。

1. 明确阅读要求。

（1）从量上明确读书时间，养成每日读书的习惯。

（2）要求 2～5 年级的学生做到有阅读记录。记录在"书韵飘香"本上。

（3）掌握并运用阅读方法。

2. 明确每个阶段课外阅读书目。

3. 明确教师指导要求。课外阅读与课内结合；课外阅读与听说写结合；课外阅读与其他学科学习内容结合；认真指导、严格要求与激励评价结合。

4. 一落实：阅览室落实。从第三周开始开放学生阅览室，提供校内阅读场所。

（三）实施阶段二

1. 教师对学生课外阅读的篇目、字数进行数据统计，对学生阅读笔记经常检查，学期末评选"读书之星"，以督促学生形成习惯。

2. 定期向学生家长进行阶段调查，了解学生及家长的心态，及时调整具体做法，充分调动学生与家长参与的积极性。

3. 学校不定期通过各种方式对各班读书情况进行抽查、反馈。

4. 以年级组为单位评选"书香班级"及"读书之星"。

六、活动要求

1. 各教研组根据学校"读书工程"实施方案确定年级读书推进表。

2. 各班按照年级推进表督促学生每日坚持读书至少 20 分钟，2～5 年级每日读书做摘录笔记，周末写心得体会。

（选自：西安高新国际学校 2013～2014 学年第二学期学生读书工程实施方案）

在学校整体实施方案的指导下，学校根据学生的不同情况按照年级制订不同的具体读书方案，如一年级读书活动方案的设计更注重学生培养读书习惯、丰富语言等方面，五年级的读书活动方案则更注重人文素养、文学鉴赏能力等方面的培养。为了使学生读书活动成为学生学校日常生活不可分割的一部分，我们统筹学校工作安排，将学生读书任务作为学校的一项常规工作，并在每个月月初规划好当月的读书活动的任务，使得整个读书活动能有序、有效地进行。

支持学生读书计划的力量不仅仅是学校，家长是另一股强大的支持力量。我们邀请家长参与到学生读书活动中来，让他们陪着孩子一起读书，并记录孩子们的读书历程。如我们以"读书记录表"的形式引导家长关注学生的阅读，不同年级的记录表有所不同，主要针对学生不同的发展需求而制定，以更好地为学生和家长提供明确的阅读指导。

学生读书活动的管理使读书连接了课内和课外，从学校延伸到了家庭，大大扩展了学生学习的宽度和广度。读书管理中的目标设定、活动方式安排无不显示出学校对读书活动的创新性设计。

三、管理为学校创新性发展服务

除了各中心在工作中贯彻和体现管理的创新性要求外，学校专门成立了统筹学校创新管理事务的"学校发展研究中心"。在外界环境复杂多变的今天，仅仅关注学校管理现状是不够的。在实现发展目标过程中，学校需要与环境进行充分互动，对环境态势的正确把控和预测可以使局势明朗，从而减少"混乱"环境对学校目标实现所带来的阻力。同时，还需要充分了解学校内部创新性发展的需要，它反映了师生对学校变革的需求，这些需求是学校发展的强大动力根源。学校内部对创新性发展的需求也是学校发展目标的重要来源，同时，发展目标的确定也需要考虑到外部环境的整体特点，只有有效统筹和内外兼顾才能确定科学的发展目标和方向。在有正确发展目标和方向的情况下，提高学校应对创新性发展需求的能力就显得十分重要。提高学校整体创新性发展的能力关键在于培养每个人的创新意识和自我创新性发展的能力。基于上述思考，学校成立了"学校发展研究中心"，并在中心功能和权责划分上做了明确的规定。

学校发展研究中心功能定位为在校长领导下研究与管理学校重大发展与创新事务的实体部门，主要工作包括学校重要方针政策的咨询与调研、学校重要创新研究项目的统筹与管理、组织学校重要文书的撰写，以及其他与学校发展、创新紧密相关的工作。

学校发展研究中心主要任务包括五个方面：

一是收集有关学校重要方针政策的研究成果和实践经验，并对学校重要方针政策的制定与修改提供咨询意见。

二是设计并实施针对学校重要方针政策的调研活动，形成调研报告供学校领导参考。

三是统筹和管理事关学校发展的重要创新研究项目，包括根据学校发展规划设立创新研究项目、根据学校发展规划申报与实施高级别项目研究、对校内其他部门设立和申报的项目研究进行统筹与协调等。

四是在学校领导指导下统筹事关学校发展的重要文书的起草和修改工作，包括代表学校向上级机构提交的重要资料、学校领导的重要发言材料、学校的核心方针政策文本、学校重要的研究论文与著作等。

五是指导与配合各部门开展日常业务中的项目研究与文本撰写。

与只是分散执行"创新任务"的团队相比，增设一个专门负责创新和发展事务的团队不仅使工作有了明确的、一致的创新指向，而且更能凝聚全校的创新力量。因为在面临创新性变革时学校内部每个人对这种变革的感受不同，会有不同程度的困惑和担忧，也会涉及工作分工、资源、职权等不同程度的调整，这些都会影响一项创新事务的制定、出台和落实。这就需要在管理层面能智慧地把握和正确处理这些复杂状况，让"创新"真正成为促进发展的动力，而不是压制教师积极性的"负担"。所以"学校发展研究中心"的设立一方面有益于学校以更为宽广的视野观察外部环境，也为学校充分"内觉"提供有力支持；另一方面该中心可为学校创新发展提供智力支持，尤其是在引领教师参与课题研究方面发挥重要作用。

第三节　高新全人教育管理的人本追求

有效性是管理的核心，管理的有效性不仅仅体现在对物的管理，更重要的是对人的关怀。高新全人教育管理的最终目的是促进每位学生全面、高品质地发展，促进教师为实现高新全人教育的愿景而充分发挥自身潜能，即管理所要达到的结果都是人的发展，这就决定了学校在管理中必须追求"人本"，也就是以人性化的方式去达成人发展的目的。这种人本追求在对人的发展有正确、全面和先进的认识基础上，要对师生正当需求有正确理解，并使之得到满足。

一、追求并实现民主参与

"民主"是现代管理中的重要因素，民主氛围为教师自由表达内心意愿创造了必要条件。学校管理提倡民主参与本质上是为了满足教师获得尊重的需要，让每位教师切实感受到自己是学校不可缺少的一员，自己的意见和看法能被学校重视和尊重。这种文化氛围也让教师有了更多的安全感和归属感。同时，充分的民主参与有利于让每位教师贡献自己的智慧，提高教师的主人翁意识，鼓励和发展教师的积极性与主动性。民主管理是相对于集权管理而言的，在民主管理氛围中教师被赋予了更多的自主权利，保证了教师有发挥创造性和自主成长的空间。

学校在民主氛围建设方面做了不少的努力，通过各种方式引导教师积极参与学校管理和发展事务，在多种形式的平等互动过程中发扬民主，也让教师个人目标和学校发展目标之间的矛盾得到很好的协调，使教师从内心认同学校发展目标。如一位教师在她的工作日记中写出了对参与学校教职工代表大会的感受，真实地反映了学校在民主建设中所做的最朴实的努力。

……每年举行一次教职工代表大会，教工代表广泛听取群众意见，了解群众的呼声，提出较有质量的提案，听取并讨论校长工作报告、工会工作报告及财务收支报告，讨论并通过学校管理的重要制度、条例、细则和规定等。学校的考核细则关系到每位教师的利益，如果制定不好或是教师不满意，必将引起教师的反感，导致工作无动力。为此，每一次的修改都非常慎重，往往要经过领导和教师几次的讨论和解释才能定稿，让每一位教师都接受。"无章则不立"，由于完善了学校各项管理规章制度，学校行政和教师行为规范做到有章可循，有法可依，人人自律、自强，增强了主人翁意识。通过几年的不断实践，我校"教代会"的作用越来越大，在这个过程中，学校不断发扬民主精神，使得教职工的民主意识得到了增强，习惯了通过"教代会"解决重大问题，参与校务管理的热情高涨。现在许多教职工对学校建设等各个方面都能提出一些有价值的、水平较高的意见，显示出教职工当家做主的精神和风貌。

在教职工代表大会上，教师提出了学校存在的问题并被学校重视，让教师们感受到了学校对他们的尊重：

……2013年的"教代会"如期召开，在本届"教代会"中教师们普遍认为学校的多媒体教室经过10年的使用，老化现象严重。为此，学校做了很多调研，专门召开了行政会和校长办公会，最后做出了将全校的多媒体教室全部按目前最先进的标准进行改造的决定。教师们看到自己的建议被采纳，更加激发了他们的主人翁精神。还有很多教师明确提出要创名校，我们也都知道创名校不是一朝一夕的事，但我们愿意朝着目标努力，不断奋斗，相信能实现这个目标！在"教代会"中我深深感受到了"我的决定对于学校的发展非常重要"，感受到了作为一位高新国际人的幸福。

类似的民主活动在西安高新国际学校时时发生，教师与年级组长、中层与校长等之间无论是在常规工作交流或是制订新计划、实施新变革，都是在一种民主和谐的互动中完成的。此外，教师的工作也受到学校的重视，学校关注着教师的付出。我们通过民主的方式制定并通过了一系列制度，采取公平、公开、公正的竞争，区别出教师工作中量和质的不同，并依此拉开教职工之间的工资、奖金的档次，充分体现教职工工作付出的差别，从而激励教师奋发向上，争先创优。在为工作付出的同时，教师也深刻领会到了工作的意义，使得工作成为一种自觉的追求，成为自我价值实现的方式之一。在民主的氛围中教师向学校充分表达了内心想法，促使学校形成符合全体教师正当需要和价值追求的"共同约定"，有效地使管理以教师为本，为教师服务。在教师的民主参与中，西安高新国际学校逐渐形成了学校层面的比较普遍的"人性化"规定，集中体现了全体教师内心的想法，更重要的是在这样的制度文化氛围中，教师获得了更加充分的发展。

二、管理要以"温情"动"真情"

在人本化管理中，除了比较普遍的"人性化"规定，还少不了个性化的"照顾"。所谓个性化"照顾"，是指学校在管理中充分尊重人，根据教师的实际情况以及特殊的环境来实施因人制宜、因势制宜的管理，使得管理既体现出一致性，又表现出灵活性。

西安高新国际学校在这方面做了很多的努力和尝试。例如，在教师考勤的问题上，西安高新国际学校的教职工一般每天上午 7 点 40 分之前打卡上班，这是一般情况下教师都能做到的，但是难免会遇到突发情况，如在遇到极端天气而导致教师无法按时到校的情况下，我们不将其视为迟到。在全额发放全勤奖的情况下，学校为处于工作日中的每位教师安排了每个月三小时的"小病就诊假"，为哺乳期的女教师安排了每天一小时的"哺乳时间"等。这些管理方式从对教师最真切的感受出发，理解教师所需，在规定一致性中融入了"特殊性"。而这些"特殊性"正是体现对人之常情的理解和尊重，经全体教师表决通过，在建立有效的工作协调机制的情况下，使得学校管理充满了人情味。

除了在制度规定层面中体现出管理的温情之外，高新全人教育管理还照顾到教师的生活和情感的需要，这也是形成和谐人际关系的重要因素。因为通过对教师日常生活和情感的关注，缩短学校管理者和教师的心理距离，而且让学校更充分地了解到教师的真实想法和需要，也是增进教师与学校之间心与心的交流和沟通的重要方式。西安高新国际学校从建校以来，在这方面做了很多努力，形成了学校特有的传统。

考虑到保证教师在繁忙的工作中能有充分的休息时间，学校免费为教职工烹制了可口的早、中餐；同时也考虑到教师工作繁忙，有时难免会忽略了家庭。因此在每个星期三，学校餐厅厨师便会精心准备，做一些特色食品，如馒头、花卷、葱花饼，以及一些半成品如丸子、饺子馅等，以成本价卖给教师，以改善教师家属的伙食。我们的教师一直勤勤恳恳为教育事业做贡献，学校就像他们的第二个家，我们在每个教职工生日时会送上生日蛋糕以示祝福，让每位教师感受到家的温暖。在节日里，我们会以各种方式照顾到教师生活的方方面面，如在妇女节，工会会为女教师提供免费的厨艺培训、女工培训以及其他各种提升教师魅力的有趣的培训活动；在儿童节，我们为适龄的教职工子女送去书卡；在端午节发购物卡；在重阳节为教职工的父母送去礼品。遇到教职工生病住院，校工会就专程探望，并帮助他们解决后顾之忧。凡有教职工直系亲属辞世，学校都派人敬献花圈，以示安慰，等等。对教师的温情关怀需要学校真真切切了解教师的感受，了解教师的困难和需要，真心实意地把教师当作学校不可缺少的一员来关怀，在生活中给予关怀和关心，在工作中给予鼓励和激励。

三、为学生发展服务

（一）关注学生全人发展

高新全人教育管理的最终目的是所有学生实现高品质、全面发展，使学生获得不断创新的智慧。这种发展应该源自学生内心真正发展的需要，因此，高新全人教育管理需要关注学生发展的需要，保证学生有自主发展的空间。

为了满足学生多方面、有品质发展的需要，校本活动课程的设立必不可少。对于这些课程的设立，学校综合考虑了学校各方面的情况，如教育行政部门的要求、学校的资源、学生的想法和意见、教师对某门校本课程开发和实施的看法、家长的意见等，只有统筹考虑各方面情况，才能为课程有效实施打下基础。在明确了校本课程设立的方向之后，就需要在管理上对相关资源进行有效调配，并为校本课程的持久实施提供有力保障。在课程形成过程中最关键的是产生可行的行动计划，也即我们需要对如何开发和利用资源有清楚和全面的认识。在整个课程形成过程中，尤其需要关注参与到课程开发中的每位人员对于某门课程所要达成的目标要有清晰和深刻的共识，这样才能保证该校本课程做实、做深，成为学校的特色性项目。

西安高新国际学校力求"为每个学生提供适合的教育"，因此学生除了完成常规的学习任务之外，学校目前已经为学生创设了丰富多样的校本课程。这些校本课程是以心理学个性论为依据，强调个性发展，注重培养学生的创新精神和实践能力。基于学生兴趣和需要开设的校本活动课程能充分调动学生的学习动力，发展学生多方面的才能和智慧，同时学校还为各种课程配备了专业的指导老师，帮助学生获得专业指导，实现高品质发展。我校的校本课程分为必修课和选修课，其中必修课有礼仪、阅读、趣味数学，旨在拓展学生的知识面、提高综合能力，满足学生差异性、层次性的需求；选修课有体育类、艺术类、科技类、英语类四大类 45 个小项，学生根据自己的兴趣、特长、个人发展规划选择不同的课程进行学习，旨在满足不同孩子不同发展的需求。

西安高新国际学校依据校本课程开展了丰富的社团活动，社团分为校级社团和年级社团两个层级，共有趣味体育类、艺术特长类、科技创新类、生活技能类、手工制作类五大类 60 个小项。其中校级"青青草"社团下设管乐团、民乐团、合唱团、腰鼓队、舞蹈团、京剧团、印巴热舞团、武术社团、啦啦操社团和鼓号团十个团体；年级社团有手工编织、巧手工坊、童心舞动秧歌、小小涂鸦社、小画笔大世界、快乐健美操、飞针走线、生活小妙招、神奇版画、快乐跳跳跳等符合学生年龄特点的系列课程。这些社团活动是面向全体学生的，设定了固定时间，以培养学生的创新精神和实践能力为根本目标。我校开展的这些社团活动为学生搭建了多元发展的舞台，充分挖掘他们的多元智力潜能，同时使他们的身心得到充分的放松。我们在这方面的努力都以培养"全人格、高德学、新智慧"的高新少年为最终目标。

(二)关注学生心灵成长

高新全人教育要培养的"高新少年"应具备坚强、纯洁的心灵，具备高尚的人格特征。学生在成长的路上总会遇到挫折和困难，如何解决这些挫折和困难，解决过程会影响孩子们的人格成长。高新全人教育的人本化管理需要深切关注学生的心灵成长。学校设立的"学生中心"，除了负责学生日常事务性工作外，其下辖的心理咨询室专门为学生的心灵健康设计了各种专题讲座计划，以讲座的形式宣传心理知识，以知识升华学生的心灵，帮助青春期孩子正确认识自我，普及青春期生理心理卫生知识，增强学生的青春期自我保健和保护意识，促进学生们健康成长和全面发展，为建设和谐校园做出积极贡献。

为了更好地推进学校和家长在学生心灵成长方面的家校共育，我们专门为家长做了相关的培训工作，在全校开展"家风伴我成长"系列讲座，以弘扬优秀家训传统文化，培育文明家教风尚。

家长们参与了学校组织的培训活动之后，纷纷表示这种活动正是他们所需要的，并指出通过参与这种活动更加深刻地认识到了家长在孩子成长过程中的重要作用。有一位家长在参与了"家风伴我成长"的讲座之后，发表了如下感言：

……此次我参与的家长培训同样以家风为主题，与其他家长们一起探讨家庭环境和家庭教育给孩子成长带来的影响。

家风，又称为门风，指一个家庭的传统风尚或作风。家庭作为社会的细胞，家风不仅是民风、校风的组成因素，而且是中华民族传统价值观的重要组成部分。家风是一种潜在无形的力量，在日常的生活中潜移默化地影响着孩子的心灵，塑造着孩子的人格，是一种无言的教育、无字的典籍、无声的力量，是最基本、最直接、最经常的教育，它对孩子的影响是全方位的，孩子的世界观、人生观、性格特征、道德素养、为人处事及生活习惯等各个方面都会打上家风的烙印。可以说，有什么样的家风，就有什么样的孩子。

通过短短一小时的讲座，我深切感受到了家风对于孩子成长的重要性，和谐的家庭关系、父母的榜样作用都对孩子的成长有不小的影响，家庭是社会的细胞，儿女是父母的镜子，俗语说"家风可正源清头"，只有父母正确的言传身教才能为孩子树立一个看齐的标准，以家风促国风，下一代的思想高度决定着中国的发展前途。

高新全人教育管理追求创新和人本，在追求中不断反思如何更好地达到"永续创新的人本化管理"这种管理新境界。从建校以来，我们不断地探索，不断地尝试，形成了"全人本、高品质、新境界"的高新全人教育管理文化，在这种管理文化中团结全体师生不断为实现学校的发展目标而共同努力。

第三章 高新全人教育的教学

教育是教师和学生共谱的华美乐章，教学无疑是这乐章中贯穿始终的主旋律，作为学校教育的基本组织形式，教学能够最集中、最直接地促成教育目标与价值的实现。课堂教学是学生获取知识、启迪智慧的主阵地，同时也是学校教学活动的中心环节，它要着眼于自主学习与创造，是师生间共同生成的一个过程，不应该是被动接受，也不应该是静默无声；学习质量的提高不是课业负担的加重，而应该让学生由衷地爱上学习。求知欲、探索欲以及好奇的嫩芽本应茁壮成长，散发出蓬勃的生机。西安高新国际学校的课堂教学，追求的是唤起学生的惊奇感和疑问心，鼓励学生积极参与到各科教学过程中，做学习的主人，做真正的「学问」。

第一节　高新全人教育的教学观

课堂教学应当体现人本思想，引导学生积极构建知识体系，深入体验学习过程。如何在课堂教学中把课堂学习的主动权交还给学生，体现出以学生为主体的思想，一直是学校教学实践的目标与方向。高新全人教学是将以往的传统教学整体性改变，而逐步走向培育高新素养的合作式教学。

学校在高新全人的核心理念指导下，将之融入教学之中，致力于构建"高效课堂""全新模式"。所谓"高效课堂"是指教师与学生的积极参与，在明确目标的基础上，共同探究，达成教学目的，以促进教学效率的提高。高效课堂的价值和意义在于使学生在课堂上得到伸展与绽放，智慧生成，灵魂解放。所谓"全新模式"是指"双动五步""智维数学""博融语文"等教学模式，引领师生双向交流，合作探究。"全人"这一精髓渗透在"高效课堂·全新模式"的每一个过程中。

苏霍姆林斯基曾说："儿童是怀着要好好学习的真诚愿望来上学的，这点愿望好比是一点明亮的火花……但这点火花是微弱的、毫无保护的，因此，也最容易熄灭。"作为学生智慧成长的导师，教师应悉心呵护这点火花，发挥学生本性，使学生好好学习、乐于学习。故此，要改变传统的课堂教学观，树立全新的高新全人的课堂教学观，以此来引导教学，体现学生与教师的价值。

构建高效课堂，彰显高新全人教育理念，在教学领域践行"三个更新""三个确立""三个问题"的教学观。更新"教师中心"的教学观，确立"学生中心"的教学观，解决好"怎么教"的问题；更新"知识中心"的课程观，确立"能力中心"的课程观，解决好"教什么"的问题；更新"分数中心"的评价观，确立"素质中心"的评价观，解决好"教得怎样"的问题。只有这样才能让我们的课堂充满爱与对生命的关怀，让教师与学生真我流露；才能让知识与能力、情感体验和价值观在课堂上一同展现，使课堂精彩纷呈，让学生在学习与探究活动中掌握知识，激发自主学习的愿望，促进全人发展。

高新全人的课堂教学是培育学生高新素养的课堂。高新素养指的是高新少年应该具备的全人格、高德学、新智慧等。在高新全人教学中，课堂不再是以知识为唯一选择，而是在具体的教学过程中从根本上关注对学生进行全人格、高德学和新智慧的培养。

高新全人的课堂教学是合作式的课堂教学，是从流程和环节上实现真正合作的课堂教学，即在尊重每个人的智慧和激情中实现教学的合作。

高新全人课堂教学依赖学生主体性的发挥，学习热情的激发，依赖教师精心的教学活动安排，更重要的是营造教师与学生关爱、平等、创新的环境氛围。在这种活跃的氛围下，处处洋溢着真善美的气息，学生的价值得以体现，人格得以提升，智慧得以发展。

第二节　高新全人教学的创新点

一、开放课堂——让课堂活起来

开放课堂理念的核心内容就是"以学生为中心"。与传统模式相比有其鲜明特色。传统的教学模式下，教师及其所教授的内容占据了教学的主导地位，学生被禁锢在思维的窄小一隅，被动地接受学习。课堂沉闷无趣，学生的个性没有充分展现的舞台。在这种状态下，学生在其发展阶段本该拥有的活力与精彩就会慢慢流失。

开放课堂是一个灵活、高效、充满智慧、丰富多彩的课堂。在这里，学生发现问题、解决问题、大声发言、互帮互助、合作交流、争当小老师，学生作为中心力量积极参与到教学过程中，成为与课堂联系最紧密的一部分，不可分割。教师是引导者与合作者，给学生提供发展的空间与情境，使学生走出封闭的泥潭。

高新全人教学的开放课堂理念，深深植入每一位教师的心里，在引领学生徜徉于知识海洋中的同时，注重启发学生从书本世界走进生活世界，关注他们的内心情感，鼓励活学活用，与生活相连接，促进知识的巩固与道德品格提高。

(一) 开放的课堂交流——高参与、高合作

开放的课堂交流就是让学生大胆"说话"，主体参与、合作探究，尽可能给学生表达的机会。交流可以让学生表达不同的多样化的思维，并相互启发、相互沟通，从而达到培养学生的多元化思维能力的目的。西安高新国际学校的课堂已经不再过分关注教师，而是竭力关注每一个学生，让每个学生都参与课堂交流，表达自己的个性化的理解，课堂的参与率达到95%。

(二) 体悟生活——健全人格发展

生活与教育是相互连通的，正如陶行知先生主张生活教育、教学做合一，教育同实际生活相联系，反对死读书。人都要走进社会，融入生活，如果教育与之割裂，人的发展也是不完整的。开放课堂扭转了仅限于书本知识教学的局面，关注生活，关注学生的道德情感体验，注重人格培养，致力于在教育与生活之间架起一座桥梁，使教育成为一种美好的生活，让孩子们在教育中感悟生活，在生活中接受教育。

开放课堂带给学生的是对自身以及周围世界的反思与追问，在探讨思辨的过程中达到认知、情感、行为的统一。学生获得的不仅是基础性的发展，更是可持续的力量，学生、教育、生活三者融合在一起，打造出一个使学生学会学习、学会做人的环境。高新国际学校的每位

教师，在教学目标的设立中都致力于把学生培养成有坚定的人生信仰，有正确的价值观念，独立自主，实现自我的人。

二、探索空间——培养学生自主性

苏霍姆林斯基说："人的心灵深处，会有一种根深蒂固的需要，这就是希望感到自己是个发现者、研究者、探索者。"在学生的世界里，这种需要显得更为强烈与重要。自身经历、探究的知识在记忆中会储存得持久牢固。教学中，给予学生一个宽松的空间，引导他们探索的激情与欲望，让学生感受到作为主体的自主性，体验参与、探究的乐趣。

M. 希尔伯曼在《积极学习》一书中说："你可以很快地告诉学生他们需要知道的，但他们会更快地忘记你告诉他们的。"学习不是被动地接受，教学也不是简单地输入，出自内心的兴趣与求知才是发展的动力。发挥学生的自主性，教师要相信学生、尊重学生，把思考、探究的时间还给学生，让学生自己探索方法，自己获得知识。同时，鼓励学生之间交流与合作，激发出更多的智慧火花，创造环境，适当引导，真正培养学生的自主意识。

培养学生的学习自主性，必须为学生创设自主学习的最佳氛围。

首先，建立民主平等的师生关系，重视课堂上的师生情感交流。教师态度要亲切，语言要有感染力，要不断激发学生的强烈求知欲，激励学生勇于克服学习中的困难，使学生在课堂中既感到积极紧张，又感到轻松愉快。

其次，给学生多提供独立思考的机会，让学生真正参与到学习过程中去，从牵着学生一步一步地过河，到让学生摸着石头过河。例如，在教完"除数是整数的小数除法"后，让学生试做"除数是小数的除法"，在解题过程中，学生遇到了困难自然会动脑筋思考，会努力联想前面学过的知识，再由教师引导着解决问题。又如，在学习"分数和小数混合运算"时，可以放手让学生根据已有的知识试做例题，结果可能会达到意想不到的教学效果，学生的方法会多种多样，教师可以适时地引导学生进行比较、归纳、总结，让学生理解解题的基本方法，同时还能比较灵活地根据题目的不同特点用不同的方法进行解答。这样，在试做的过程中，培养了学生自主学习的能力。

三、求异氛围——发展学生新智慧

现代社会日新月异的变化，要求公民具备多方面的素养。除坚实的知识基础之外，智慧与能力的培养不可或缺。而这种培养应该从儿童开始，给儿童创造发展能力的氛围。悉心呵护学生的奇思妙想，鼓励风采各异的表达，走进学生的世界，使他们透过心灵之窗观察美好生活，探寻不一样的精彩，使点滴的发现汇聚成智慧的海洋。

高新全人教学致力于全人格、高德学、新智慧素养的形成，教师在课堂教学中注重对学生进行智慧的启迪，积极引导学生进行创造性的思考与学习。突破常规的束缚，冲破固定模式的制约，营造出一个由孩子们五彩斑斓的思维所构成的课堂氛围。在这里，知识是活的，各种不同的思维与答案相互碰撞，焕发出智慧美丽的光彩。

案例

放飞想象　体验快乐

王佳妮

相信大家都听过这个故事——

"雪融化了是什么？"某老师在课堂上问了这样一个问题。一个小学生近乎异想天开地回答道："春天！"然而，他的老师却一本正经地告诉他错了，并把"标准答案"写在黑板上，叫学生们用心记住，答案是"水"。

在这种教育之下，我们培养出了一个又一个循规蹈矩、安分守己的"好"孩子，可是一批又一批孩子的想象力和创造力被扼杀。爱因斯坦认为："想象力比知识更重要，因为知识是有限的，而想象力概括着世界的一切，推动着进步，并且是知识进化的源泉。"《小学语文课程标准》在总目标中指出："在发展语言能力的同时，发展思维能力，激发想象力和创造潜能。"童年时期是人的一生中想象力最丰富、最活跃的时期，老师巧妙地挖掘和引导，不仅可以让孩子们天马行空、无拘无束的想象力制造出惊喜、创造出智慧，更能使语文基础知识变得更加生动有趣、多姿多彩，易于被学生接受。

一、想象力——荡起拼音教学的浪花

拼音是学生学习汉字、学好普通话的工具，更是小学语文教学的关键所在，要使每一个孩子都能准确熟练地掌握每个字母的写法、读法和拼法并不是一件容易的事。在拼音教学中，大胆放飞孩子们的想象力，可以激发学习兴趣、提高学习效率。

ü上两点的省写规则，是教学中的难点。上课时，我在黑板中央写了一个大大的ü，说道："孩子们，谁能编一个故事，使大家牢牢记住ü上两点的省写规则。"

在几分钟的苦思冥想之后，一个个美丽且富有创造力的故事新鲜出炉了。尚紫昕说："小ü是一个很可怜的孤儿，有一天别的拼音字母要和父母一起去郊游，没有父母的小ü伤心地哭了。这时，好心肠的j、q、x走了过来，要带着小ü去郊游，小ü擦掉了眼泪也就是头上的两点，开心地笑了。"孙秉鑫说："小ü头上的两点其实是两个大西瓜，夏天到了，天气炎热，j、q、x来到小ü家做客，热情的小ü把大西瓜拿下来给他们吃了，所以两点就没有了。"故事或许有些稚气，或许不合实际，可是这些都是次要的，重要的是，孩子们不仅收获了知识，而且体会到了想象带来的乐趣。

再如，汉语拼音大写字母在书写时要将四线三格的上格中格全部占满，而小写字母只是将中格占满，上格和下格只占一半。很多孩子将其混淆，书写不规范。我便给他们讲了这样一个故事：在汉语拼音这个大家族中，大写字母是大人，个子高一些，站起来头都顶到房顶了，瞧，紧紧地贴着第一条线，而小写字母……我故意停顿了一下，孩子们便小麻雀似的叽叽喳喳地发言："小写字母是小孩子嘛！个子矮，当然不能像大人一样顶天立地了。"从此，我们班的孩子几乎都准确地掌握了大小写字母不同的写法。

二、想象力——使汉字像音符一样跳动

课标对低年级孩子提出的要求是："喜欢学习汉字，有主动识字的愿望。认识常用汉字1600~1800个，其中800~1000个会写。"而这个年龄的孩子学习能力弱、自主识记意识差，"填鸭式"的识字教学只会增加孩子们对学习语文的恐惧感。

针对我国汉字具有表意功能这一特点，我经常引导孩子们发挥想象力，运用联想的方法去识记生字，尤其对于一些字形较为复杂的汉字，效果很好！比如："游"——一个头戴游泳帽的孩子在一个四四方方的游泳池中尽情地游着，"善"——一只小羊在一片平坦的草地上张大嘴巴吃了两棵鲜嫩的青草。

在一年级的下学期和二年级的上学期有大量的根据部首集中识字的练习，虽然学生们已经牢牢地掌握了部首表示的意思，可是按照部首写出例字仍然是一大难题。如果发挥想象将这些汉字放入一定的语境中，难题就会迎刃而解。"页"字部的字多与头有关，可以这样去记忆：每天上学前，妈妈总会摸摸我的头顶、额头，亲亲我的脸颊，再帮我戴好红领巾。"饣"字部的字多与食物或吃饭有关，可以这样去记忆：丁丁饥饿难耐，便来到一家饭馆，吃了饺子，喝了饮料，马上就饱了。像这样的例子还有很多。

在想象的世界里，汉字不再那么烦琐无趣了，它们就像一个个快乐的音符，在孩子们的头脑里、嘴边和指尖跳跃着。

三、想象力——句子也能"无拘无束"

仿编和造句在低年级的教学中起着举足轻重的作用，有助于孩子巩固、积累字词，有利于提高孩子的口头表达能力。可是低年级孩子造句常常都很模式化。

教学《绒毛小熊》时，我让孩子们仿照"我对出生没有一点印象，只知道小熊一直在我身旁"练习说句子，甲说：我对出生没有一点印象，只知道布娃娃一直陪在我身旁。丙说：我对出生没有一点印象，只知道绒毛狗一直陪在我身旁。这样的句子虽然从语法上讲没有错误，但就训练来说却毫无意义。于是，我这样引导：孩子们，这句话的主语不仅可以是"我"，而且可以是咱们周围的小伙伴、天上的飞鸟、水中的游鱼，甚至是你在电视和书上看到的喜欢的角色都行，咱们比比看看谁的想象最丰富？仿编的句子最与众不同？比如说："小丑鱼对大海没有一点印象，只知道那里无边无际。"一石激起千层浪，孩子们兴趣盎然、思维活跃。有的说：小羊对大草原没有一点印象，只知道那里是它的家乡。有的说：灰姑娘对妈妈没有一点印象，只知道她很善良。有的说：花朵对蝴蝶没有一点印象，只知道它们忙忙碌碌飞来飞去为自己传播花粉……一双双小手争先恐后地高高举起，一双双黑亮的小眼睛折射出智慧的光芒，一个个"无拘无束"的句子从孩子们的嘴边娓娓道来。这些，得益于老师适时地引导和点拨。

语文教学承担着培养孩子想象力的重任，丰富的想象力可以使语文教学变得轻松有趣。在教学中，给每一个孩子都插上想象的翅膀，他们定会创造出奇迹！

第三节 "双导双向五环节"课堂教学模式

课堂的本质是育人，进行有效教学，构建开放高效课堂是达成育人目标的根本，而探索并形成课堂教学模式就是提升育人质量的重要途径。教学模式应体现以学生为本，让学生多元化发展的目标，注重合作交流，师生共同发展。

西安高新国际学校在深化课堂教学改革的过程中，打破了传统教学束缚学生思维发展的旧模式，遵循以人为本的观念，根据教材提供的基本知识内容，把培养学生的创新素养和实践操作能力作为教学重点，给学生发展提供了更大的空间，形成了以"讲学案"为载体的"双导双向五环节"课堂教学模式。这个教学模式是以学生主动参与、师生双向互动、探究创新为主的课堂教学模式。

一、"双导双向五环节"课堂教学模式的特点

（一）核心内涵彰显理念

"双导"指"导学导练"，其中"导"的意思是指导、引导、疏导。"导"指导学生进行新知识的学习，引导学生进行新旧知识的联系解决实际问题，疏导学生在学习过程中的疑难问题，充分体现教师的主导地位。

"学"包括学生的自主学习，同伴合作学习，教师指导、引导、疏导学习，充分体现学生的主体地位。

"练"是指对学生多样化、层次化的训练，包括学生的动脑、动口、动手，多练基础，多练智力，多练能力。

"学"与"练"是教学过程中最主要的活动，体现了学生的主体地位，二者之间存在相辅相成的关系。学生通过"学"在获得知识、获取知识的

同时，存在认知、识记层次上的差异性和知识存储的僵化问题，因此，必须要进行"练"，以加强记忆，提高运用知识解决问题的实践能力。在"练"的过程中，必然会发现"学"之不足，即刻进行"学"的补救，进而形成一个循环。在这个循环中，体现出了记忆、知识与能力的不断上升的过程，也充分体现出教师与学生的双向活动。通过教师适时、适当的"导"，学生有效的"学"与"练"的循环，体现了课堂教学的递进过程和学生认知发展的规律，还达到了教学相长、双赢共好的最优化的育人效果。

（二）教学流程层次清晰

"双导双向五环节"课堂教学模式的基本流程为"出示目标—知识铺垫—学习新知—巩固练习—小结检测"。在学习新知的教学活动中，体现四个基本步骤，即"阅读理解—小组交流—问题展示—解答引领"。

案例
《奇异的激光》教学案例
【教学设计】

《奇异的激光》是一篇科普说明文。向我们介绍了激光的特点，广泛的用途以及预见其未来的发展。课文采用小标题和空行的方式自然分成五部分。第一课时主要是整体感知、自读，处理字词，以表格的形式来学习第一部分，了解激光的五个特点及所采用的说明方法。本课层次清楚，结构分明，但涉及相当多的名词术语，教学时为了不纠缠科学术语概念，我让学生提前查找相关资料，在学生质疑后，小组交流解疑。重要、关键的问题留待深入阅读时解决。第二课时，精读感悟第二至第四部分，抓住一个问题：为什么说激光是"最快的'刀'、最准的'尺'、最大的'书'"？着重思考理解课文是运用了哪些说明方法来说明激光的特点、用途的，感受激光的奇异。给学生以学法指导，让学生采用读、思、画、批的方法来深入学习。引导学生通过课文的结构层次、具体的词句及各种说明方法的作用来理解激光的特点、用途,并相机进行朗读指导,读出激光的特点。结合金钥匙感受说明文语言的特点——严密平实。同时联系实际和课外资料进一步体会激光的奇异,以及在人们生活中所起的作用。学习方式上尊重学生的主体地位,让学生自由选择喜欢的读书方式,针对最喜欢的一部分谈谈理解与感受。鼓励学生积极质疑,学生之间互相解疑,课堂出现了精彩的生成。设计有趣的教学环节:请聪明好学、知识丰富、善于表达的你替奇异的激光做一个自我介绍吧。这既调动了学生积极参与表现的欲望,锻炼学生的口才,又检查学生对课文内容的理解与掌握,一举三得。

第二课时:

【教学过程】

一、目标呈现

1. 谈话引入:上节课,我们整体感知了课文,了解了激光的特点,那么激光又有哪些广泛的用途呢?这节课让我们深入探索激光的奥秘,感受激光的奇异。

(板书课题)

2. 回忆课文从哪三个方面介绍了激光?激光的特点是什么?

板书:特点、用途、发展

奇异的激光 { 特点、用途、发展 }

3. 默读学习目标。

二、知识铺垫

判断下列描写激光特点的句子运用了什么说明方法?

1. 把激光集中到一点上,能使温度达到上百万摄氏度。　　(　　)

2. 由于方向集中，激光就特别亮，最亮时比太阳还要亮 100 亿倍。
（　　）

3. 因为激光是单色光，颜色特别纯、非常艳丽。北京奥运会、上海世博会都用激光等装饰会馆、场所、夜空。（　　）

三、学习新知

(一)自读自悟

自读课文的第 7～14 自然段，思考：为什么说激光是"最快的'刀'、最准的'尺'、最大的'书'？"课文运用了哪些说明方法来说明激光的特点、用途？

导学：

1. 采用读、思、画、批的方法，抓住激光的特点、用途、说明方法来深入学习。

小组选择最喜欢的一部分谈谈理解和感受。

2. 质疑，解疑。

(二)小组交流汇报学习成果

指导朗读，结合《金钥匙》体会说明文语言的特点。

1. 最快的刀：切割几毫米的钢板、在钻石上打孔、激光刀做手术。

激光特点：温度高、速度快。

说明方法：做比较、举例子及其作用。

2. 最准的尺：测量地球与月球之间的距离、云层高度、指导施工、画线吊线。

激光特点：方向性好，测量精准。

说明方法：列数字、做比较、举实例及其作用。

3. 最大的书：光盘的信息存储量相当于 20 多万本语文书，新材料的信息存储量是光盘的 100 万倍。

激光特点：温度高、信息储存量大。

说明方法：列数字、做比较、举实例及其作用。

指导朗读：在学生汇报含有说明方法的句子时，出示课件，抓重点词，练读。

结合具体句子和《金钥匙》体会说明文语言的特点。(严谨、平实)

(三)齐读最后一个自然段，你读懂了什么，还有什么疑问？

(可能会提出"最宽的路、最强的炮"指什么？省略号省去了什么？)

(四)拓展延伸

1. 过渡：激光的用途远不止这些，在我们的日常生活中也常常能见到激光的身影，你能根据课前查找的资料说说你所了解的激光在生活中的应用吗？

2. 学生小组交流、汇报。

四、巩固练习

请聪明好学、知识丰富、善于表达的你，用第一人称替奇异的激光做一个自我介绍吧。

要求：运用学过的说明方法讲清楚激光的特点、用途，其他同学可就不明白的地方提出疑问，介绍者进行补充说明。

五、小结检测

总结：激光真是一种奇异的光，激光的用途还有更多，等待我们进一步去研究、开发，只要我们从小激发学科学、爱科学的兴趣，相信在不久的将来，在研究激光这一科学领域将会出现你的身影。

1. 请你谈谈本节课有哪些收获？还有哪些疑问？

2. 达标检测。

(1)根据课文判断下列说法是否正确，正确的打"√"，错误的打"×"。

激光的方向性好但不够亮。　　　　　　　　　　　　(　　)

激光聚焦一点，温度特别高。　　　　　　　　　　　(　　)

激光不能切除肿瘤，因为流血太多。　　　　　　　　(　　)

建筑师用激光吊线、画线。　　　　　　　　　　　　(　　)

激光能在光盘上存储大量信息。　　　　　　　　　　(　　)

(2)下面句子中的"相当"能否换成"等于",为什么?

以我们的语文书为例,按照每页500字计算,一张光盘的容量相当于20多万本语文书,得用半间教室装。

(三)教学目标具体明确

教学目标具有"小"且"实"的特点,落实到两点:一是落实到学生具体的课堂学习行动上,如"说出""阐述""写出""做出"等词语;二是落实到具体的知识点和技能上,比如,需要思考和回答的问题具体是什么,要会做哪种类型的习题等。在目标的确定中能够体现所学知识点与生活实际之间的关系,体现学生掌握个人本领,体现三个维度的目标。

(四)新旧知识联系紧密

按照教学目标的要求,编写预习的具体内容,引导学生通过预习,做好新知的铺垫与衔接。知识铺垫部分的内容一般为学过的旧知识和学生通过自学或者预习能够解决的新知识中的简单问题。

(五)学习新知步骤明了

在学习新知这个环节中,要经历一下学习流程,我们称为"四步骤"。

步骤一:阅读理解

教师根据教学目标设计相对应的问题,通过学生的自读理解,体现学生与文本的交流,引领学生会读书、能读懂书,培养学生的自学能力。

步骤二:合作交流

学生在自学的基础上进行小组合作学习,在讨论问题、解决问题的过程中，分享彼此的收获，欣赏彼此的特长，包容彼此的缺点、错误，培养团体精神和互助合作精神。

步骤三：问题展示

根据学情预设学生在学习过程中遇到的问题以及学生在学习中产生的新问题，要求学生进行充分的展示，课堂上要解决的就是学生存在的问题，做到把学生存在的疑惑最大化地解决在课堂上。

步骤四：解答引领

针对学生展示的问题，先通过学生互帮、小组互助的形式进行解决，学生无法解决的问题就要发挥教师的引领作用。为了很好地完成这个环节，教师少包办，必须让学生多参与解说、举例，让学生争当小老师讲解，使课堂有碰撞、有生成。

（六）巩固练习针对性强

依据"讲什么练什么"的原则，教师设计好练习内容，把握好练的数量、难度和梯度，体现出本课教学目标，体现知识与生活的联系，根据题意加入提示语，引领学生思考，即"导练"。

（七）小结检测反馈及时

首先进行课时教学内容小结，然后精选达标检测题，检验课堂教学的效果，为以后的针对性训练提供可靠的依据。课堂上留下足够的时间，学生独立完成，教师批改每个组最先完成的学生作业，该学生如果全对，那么其作为小老师批改全组同学的作业，下课以小组为单位收回作业，教师再次批阅，进行改错并收集、整理错题。

根据学校研究出的教学模式，教师们勇于实践，勇于探索，开展课堂教学展示、评课议课活动。观课、议课已经成为西安高新国际学校教师日常的课例研讨活动，是教师们磨炼课堂、打造课堂、提升课例研究层次、实现优质高效课堂的重要途径。该项活动的开展，目的在于一起探讨教学模式的运用及学生学习方面的问题,力求使观课、议课成为教师的一种日常专业生活,从尝试走向常态;在于提供一些符合发展实际的教学建议,使观课、议课成为教师的一种专业学习活动,从职业走向专业;在于让教师经历合作、对话、探究的专业体验,成为教师的一种合作研究活动,从教学走向学术。让每一个教师参与其中,感受团队的专业力量和专业关怀,真正实现智慧共享、互进共赢;进一步改善教研组的教研方式和教研文化,优化教研行为,提高课堂教学效率,提升教育教学质量。就这样在反复摸索中,我们的教学模式得以完善。

马老师对自己上的一节研讨课做了深入的研究,她认为:

语文课程目标的核心是全面提高学生的语文素养,为学生的全面发展和终身发展奠定基础。课堂教学是提高语文素养的主渠道,西安高新国际学校作为课改的先行者,在校教研室的引领下,为提高课堂效率,通过课堂教学使学生获得发展,构建了"双导双向"阅读教学模式。为了推进学校校本教研的进程,提高课堂教学的效率,促进教师专业成长,进一步实践并完善"双导双向"阅读教学模式,本学期西安高新国际学校进行了骨干教师展示课活动,让具有一定教学经验的教师在新的平台更新专业知识,提高课堂效率,展示教学特色,引领年轻教师更快地成长。我有幸作为骨干教师上了展示课,在试讲和正式上课时,我注重教师的导学、导练,学生的学练结合,精讲多练,以学定教,顺学而导。我使课堂成为学生展示自我风采的舞台,大胆进行高效课堂的探索。在教学中,我以学生的眼光看教材,注重学生的主体性,注重精讲多练,以读代讲,抓重点词句理解感悟,注重课文补白,指导学生习作。我使学生通过小组合作探究、自学体会、朗读感悟获得知识、发展能力、熏陶情操,培养坚持不懈、顽强拼搏、永不放弃、努力追求成功的人生态度。

为了推进学校校本教研的进程,践行开放课堂,提高课堂教学的效率,实践并完善"双导双向五环节"教学模式,在教研活动中,教师们严谨治学的工作态度,准确优美的语言艺术,灵活驾驭教材的能力,以学生为主体的理念,民主平等的课堂氛围……值得大家好好领会,取人之长补己之短。审视各自的教学活动,反思自己的教学手段,回想自己的教学理念,反观自己的课堂气氛,仍存在一些问题。教师们觉得要实现高效课堂,"教师要勤于课前而懒于课堂",教师要在课前备课时下功夫,加强集体备课,上课时尽量少讲。开放、高效课堂的实施,要求教师要不断学习文化知识,不断更新教育观念,不断提升语言魅力,不断丰富人生阅历,不断提高自身修养,不断完善审美能力……开放、高效课堂的实施,要以学生为主体,课堂是学生展示自我风采的舞台,通过小组合作探究、自学体会、朗读感悟,获得知识,发展能力,熏陶情操。开放、高效课堂的实施,要为学生创设宽松、和谐的课堂氛围,这样学生的思维才能活起来,嘴巴才敢动起来,耳朵才会竖起来,小手才敢举起来,眼睛才会亮起来,嘴角才会翘起来,心灵才能美起来。鱼缸里养不出肥美之鱼,盆景中长不出参天大树,羁笼中养不出翱翔千里的雄鹰。给自己松绑,给孩子松绑,让学生回归天性,让思维自由驰骋,让孩子早日做回课堂的真正主人!

二、"双导双向五环节"对学生独立性的培养

学校构建以学生为主体的新的课堂教学方式,把教案变成学案,把课堂变成学堂,这有利于激活学生主体意识,促使学生个性得以飞扬。作为课堂教学基础工程的备课工作就必须从以备课为主改为以备学为主、教学结合。提出和重视学案的设计,顺应了时代的要求、社会的要求和学生发展的要求。

教案是教师在阅读教学大纲和教材后,经过分析、加工、整理而写出的切实可行的有关教学内容及教材组织和讲授方法的案例,它的

着眼点和侧重点在于教师讲什么和怎么讲。学案的着眼点和侧重点则转为学生，是为了开启学生的智能，发展学生的能力而设计的。它是在学生直接参与、教师引导下完成的一系列问题探索、要点强化等全程学习活动的案例。它的要义在于如何激活学生主体意识，引导学生更好地获取知识、提高能力、求得创新与发展。学案应包括学习内容、学习目标、学习重难点、问题导学、达标练习和检测作业等基本构件。学案教学的设计应给学生以明确的思维导向，让学生最大限度地参与到教学的全过程。设计学案的着力点放在思路引导上，具体落实在学习活动及学习目标的问题设计上，使学习内容提纲化、问题化，学法指导具体化，使静态的学习内容动态化。学案教学的实施过程是师生双边活动和多边活动的过程。

传统的教学，课堂上演的是教师的独角戏，教师口讲、手写板书，学生耳听手录、被动地学习。这往往导致学生的视觉、听觉疲劳，最后失去了学习兴趣。西安高新国际学校有勇于改革课堂教学的胆识。学案的使用，与以往的教学又有本质的区别，它是以学生自主学习为主线，加以教师的学法指导，把主动性还给了学生，这就很好地调动了学生的主动性，从而对提高学习效率很有好处。

这是一份讲学案：

课题：歌声

一、学习目标

1. 能有感情地朗读课文。

2. 整体把握课文内容，想想"这歌声到底有什么作用呢？"

3. 理解成语"筋疲力尽"，练习造句。

二、学习新知

(一)学习第一自然段

1. 自由读课文，思考：马金纳为什么绝望了？

2. 小组合作学习。

导学：我们组认为马金纳绝望的原因是_____。（请其他组补充）

3. 齐读第一自然段。

(二)学习第二、第三自然段

1. 默读第二、第三自然段，画出描写歌声的句子。

2. 小组合作学习：从小姑娘的歌声中，你体会到她的什么品质？

导学：我从_____这句话，体会到_____。

(三)学习第四自然段

思考：这清脆激昂的歌声，到底有什么作用呢？

三、巩固练习

1. 练习复述。

导练：复述课文的时候，要抓住故事发生的时间、地点、人物，理清起因、经过、结果。

四、达标检测

1. 选词填空，画掉不正确的词语。

①远处海面上（隐隐约约　清清楚楚）传来（断断续续　模模糊糊）的歌声。

②远处的人们像马金纳一样（聚拢　合拢）过来了。

③终于，一艘小艇追寻着歌声（驶来　走来）了。

2. 造句：

筋疲力尽：_____。

《歌声》写的是1920年的一个夜晚，一艘轮船在海上行驶，不幸触礁，船沉了，落水的人在水中拼命挣扎，他们在游得筋疲力尽之时都感到了绝望，但一个十岁的小姑娘却在海水的冲击下高声歌唱，以她的勇敢和乐观精神挽救了遇难者。

在教学中，教师抓住了"绝望"，创设情境，让学生想象"如果自己身处混乱场面，会是怎样的感受？"从而通过四人小组合作，体会马金纳绝望的心情：四周什么也没有，有的只是漆黑的夜晚，茫茫的大海，冰冷刺骨的海水和呼啸着的海风，还有周围人的喊叫声，救命声。通过朗读第一自然段，再次感受马金纳绝望的心情。

紧接着学习重点部分第二、第三自然段，让学生默读课文，画出描写歌声的句子，体会歌声是什么样的。通过指导朗读、抓重点句，体会小姑娘的勇敢、乐观，引读最后一段。理解课文为什么以"歌声"为题，也就是歌声的作用，从而明白小姑娘是小英雄。

在学习课文、理解课文的基础上，会复述课文作为"练习巩固"。其中，给孩子一个"扶手"，让孩子通过大屏幕的提示，同桌互说，教师点名说，而后总结方法，培养了孩子们复述课文的能力。"达标检测"中，巧妙地设计了"积累课文中的好词"，通过学生互批完成。

对于二年级的孩子来说，他们经历得太少了，沉船落水，在海水中拼命挣扎，在绝望中求生存的感觉他们根本不可能有。所以，要深刻地体会出为什么说小姑娘是"英雄"，是她的歌声救了大家。这是教学的一个难点之所在。宋老师通过语言引导、启发，创设教学情境，抓重点词句，指导朗读等方法，调动学生多种感官参与，使学生能够直接感知，身临其境，并展开丰富的联想，取得较好的效果。

在音乐的衬托下，学生进入了那种生死攸关、万分紧张的情境中，在教师的语言渲染及引导下，他们体会到了遇难者的"绝望"。这样一来，不由得对在风浪中高声歌唱的小姑娘肃然起敬，对小姑娘的勇敢与镇静发自内心的感叹："小姑娘，你真了不起！""小姑娘，你真勇敢！""小姑娘，你真是个小英雄，我要向你学习，陷入困境不慌张，勇敢、乐观地面对。"

在编写和使用讲学案的过程中，教师们有很深刻的体会。其中，韦永康老师在《教学中教师角色和教学行为的转变》一文中对讲学案在培养学生独立性方面的认识具有一定的代表性。他认为讲学案要求教师由传统的知识传授者转变为学生学习的组织者，教学中能"用活"教材，能充分发挥学生的积极创造性。讲学案的使用，给了学生充分发挥的余地，"给他们一个舞台，我们将收获更多的精彩"！真正让学生成为学习的主人、课堂的主宰。

西安高新国际学校摒弃了传统的教案，运用"双导双向五环节"教学模式备讲学案，对教师的综合素质提出了更高的要求，有利于教师之间相互学习，共同提高。我们看到在备课上教师下了很大的功夫。首先是个人备课，认真地研读教材，找出本节课的知识点，确定目标、重点难点，然后是组长把关、组员再研讨，共同对其讲学案进行修改，在课堂上还要不停地修改完善。在每一节课后，教师们还对讲学案进行翻阅，整理，为以后的教学提供依据。教师对备课的用心程度，所付出的大量的精力、时间、功夫，真令人赞叹，每一位教师真的是在实践中摸索和成长。

课堂上，走进每个班，我们看到的是四人小组在小组长的引领下，依据学案自觉主动有条不紊地学习。一节课上，我们再也看不到教师眉飞色舞、滔滔不绝地讲解，看到的只是在组长的带领下，每个人分工明确，该读就读，该写就写，每个学生都能够自主动起来，每个学生都成为课堂的主人，这真的改变了我们以往的教师教、学生学的课堂模式。在这样的课堂上，孩子们成为主体，教师则大胆放手，适当引领，使课堂呈现出灵活性、多元化、高效化。不仅是小组长可以独当一面，而且每个学生都可以为自己的小组赢得精彩。这样的课堂，有哪个学生不愿意深入其中。五个教学环节中都是学生占到了主体位置，表现出学生的自主能动性，让课堂真正成为学生表现的舞台，在这个舞台上学生们尽情地扮演好自己的角色。孩子们经过这样的锻炼，内在的潜能被激发了，还锻炼了学生的胆识，可谓一举多得。一些教师已经能够收放自如，恰当地掌控课堂。如西安高新国际学校王老师在讲《月光曲》的时候，我们看到了学生思维的广度并为之一振，小小的年纪就有这样独到的见解，可见这样的课堂带给他们的是什么样的影响，培养出什么样的学生；可见探究引入了课堂，我们的思考就有了灵性，方法引入课堂，我们的能力就会落实，自主引入课堂，我们的学习就高效。这就是我们"双导双向五环节"教学的魅力。

在使用讲学案中发现，学生的差异性很大，小组合作中学生讲解每个人是否听得懂；如何避免学生为了完成导学案内容仅走马观花地学了一遍，甚至是忙于照着小组成员的答案填写一遍。这是需要有效解决的问题。

编制使用讲学案，依据的是统一的标准、统一的要求。如何避免千篇一律，以免师生产生厌倦心理；如何在使用讲学案的同时提倡个性化的教学，使教学内容既符合教师个性，又能够培养和发展学生个性，是需要认真思考的一个问题。

总之，在讲学案的使用中，教师的教学理念有了大的改变，课堂还给了学生。教师的主导地位得到了一定的显现，课堂的互动性明显增强，学生的主体地位突出。课堂上，孩子们的胆子大了，手举起来了，思维活跃了，童言稚语多了，个性想法横溢，团队精神彰显了，"老师，我代表我们组发言""我有不同的想法""我对他的发言有补充""我们这小组认为"……我们的课堂已经富有了灵性。

第四节 "双动五步"合作式科创课堂教学模式

科学教育承担着培养公民科学素质的重任。早期科学教育对每个人科学素质的形成具有十分重要的影响，对人们认识世界起着关键的作用。西安高新国际学校科创课程的教学着眼于学生"基本科学素养"的提高，提出了"双动五步"合作式科创课堂教学模式，在教学中坚持以学生为主体，依据教学内容，让学生从真实的世界出发，以项目驱动或问题驱动的方式开展活动，引导学生通过与他人合作，联系多学科的相关知识，收集并筛选信息，最终完成项目成果或形成问题解决方案，帮助学生像科学家一样思考，像工程师一样解决问题，培养学生积极实践、善于探索、勇于创新的良好习惯。

一、"双动五步"合作式科创教学模式

（一）"双动"激发师生活力

"双动"，一方面指师生互动。STEAM教育作为提升国民科学素养、培养拔尖创新人才的基础，一定要扭转重结果、轻过程的不良倾向，让学生从小就形成正确的科学观，不过分关注最后的结果，把眼光放长远，更加重视科学探究的过程与方法，包括问题是否成立、方案是否合理、逻辑是否严密、结论是否可靠等，帮助学生建构和不断改进自己的科学认识，形成更加完善的思维方法。这就要求STEAM课堂，必须是以学生为主体、教师为引导与协助的互动性课堂，一定要坚守科学精神，要找真问题，要做真探究，要得真结论。

寻找真问题：我们必须重视研究问题的确立，从科学性、价值性、创新性和可行性四个维度进行判断，真正把问题变成引发高质量探究的启动器。

要做真探究：鼓励学生提出自己的想法，创造机会让不同观点发生碰撞，促使学生不断修正方案，从而达到更深层次的理解。

要得真结论：宁可多做几次实验与探索，也不能让学生得出一个似是而非的"正确结论"。STEAM教学的关注点要从标准答案转向基于证据和推理的科学理性，帮助学生形成良好的科学素养，为他们将来参与科学研究和社会生活奠定基础。

另一方面指动脑、动手。"手脑并用，创造分析"这一教育思想源于贝利和杜威的实用主义思想。头脑和身体二者具有密切的关联，是

实现同一事物的不同方面。黑格尔的"认识是从经历环境的辩证过程中发展起来的"和毛泽东同志的著名论文《实践论》都充分地说明动手与动脑、理论联系实际的重要性。"双动"思想的提出，着重强调科创课程中思考与实践二者结合的意义，为学习者与施教者提供指导依据——勤思实践，行动思辨。"双动"思想的提出反映出重视培养良好的科学素养，引领学生"了解必要的科学技术知识及其对社会与人的影响，知道基本的科学方法，认识科学本质，树立科学思想，崇尚科学精神，并具备一定的运用它们处理实际问题、参与公共事务的能力"。

（二）"五步"把关知识内化

"五步"即"观察发现—创意设计—合作实践—交流分享—延伸拓展"，它贯穿于项目式的科创课程教学活动中。

1. 观察发现：联系生活实际、创设真实情境；激发学生兴趣、营造良好氛围

观察是通过眼睛、耳朵等感觉器官接收信息来进行的一种活动。观察旨在培养学生的观察能力。观察力是一种特殊形式的感知力。观察发现环节作为科创课程课堂教学的开篇环节在整个课堂上有着举足轻重的作用，它能使学生积极主动地参与学习活动，从而提高课堂教学效率。对孩子来说，观察能力是一项必须具备的基础能力，通过观察会发现问题，激发他的好奇心，从而以更大的兴趣和热情投入到生活中去，如此良性循环，孩子会发展为善于发现的人、具有敏锐洞察力的人。

2. 创意设计：聚焦项目问题、创造设计表意；分享质疑批判、培养创造思维

创意设计是把再简单不过的东西或者想法不断延伸给予的另一种表现形式。它由创意和设计两部分构成。创意容纳创意思想与理念，是思考后的个性产物，而设计是通过实践将理论转变为现实。通过创

意环节，会激发学生不断迸发出思想的火花，而设计将这些可能性以设计图纸、实验方案等形式组合。每一份创意设计都是孤品，是创作者在创造性思维上大胆创新的结果，都有值得被肯定的部分。通过分享形式，采用生生交互的形式分享，借助组间分享和全班共享手段让学生通过聆听别人的设计发现闪光点，在此过程中使学生的创造性思维得到充分、自由的发展，使学生的认知发生迁移，从而实现从封闭式走向开放式教学。

3. 合作实践：明确团队目标、小组合作实践；探讨争议统一，打造活力课堂

合作学习鼓励学生为集体的利益和个人的利益而一起实践，在完成共同任务的过程中实现自己的理想。科创课程作为培养人解决实际问题能力的工程教育，其核心在于通过创意设计与合作实践，使学生"具备基本技能、有实践能力、清楚可为和不可为、敏感且要求高"。在提出问题创设情境、完成技能准备和知识储备后，学生依据自己的设计方案以小组合作、动手动脑的形式展开实践。在合作过程中，不同学生间个性思维的碰撞，从各抒己见、争议不断到各取精华、辨析协商再到达成统一，融会贯通。学生在此过程中理性思维与感性认知的螺旋上升正是合作学习的意义所在。

4. 交流分享：总结实践过程、训练语言逻辑；分享收获经验、反思提升飞跃

著名心理学家皮亚杰曾说："一切真理都要学生自己获得，或者由他们自己重新发现，至少由他们重建，而不是简单地传递给他。"实践出真知，只有经过学生自主探索、概括的知识才能纳入自己的认知结构中，从而真正掌握并且更好运用这些知识。在分享环节，学生不仅仅是对自己实践过程的语言描述，更应在教师的引导下引发思考，总结在项目中从知识、能力、情感态度上有什么样的收获。同时，通过别人的分享与自己的行动实践，针对自己的作品，进行反思和迭代设

计，最终做到取百家之所长补己之所短。在交流分享中，除了语言表达能力的训练提升外，更在于锻造学生博纳海川、谦卑从容的处世态度。

5. 延伸拓展：放宽知识视野、技能训练延伸；综合实践应用、反馈实际问题

科创课程的课堂教学，是一个庞大而又复杂的动态系统。学生的学习环境与方式，不应拘泥于课堂教学，因而，在如何调动学生的学习兴趣、在有限的课堂时间打造学生通向自然与科技的桥梁上，拓展环节至关重要。在科创课程的拓展环节可以就本节课涉及的技术、方法在生活中的应用展开课下调查，也可以围绕本项目与解决的实际问题进行反馈，真正做到从生活中来，到生活中去。

二、"双动五步"合作式科创教学模式在课程中的实践应用

科创课程体系是以项目的形式围绕问题解决而展开，项目中的问题驱动学生去面对并力争理解学科的核心素养，在这个过程中与新技术融合在一起，成为培养学生创新能力的新途径。

课堂实践中通过对项目内容的解析，我们将基础课程分为三大类：科学探究类整合课程、工程实践类整合课程、信息技术类整合课程。不同类型的课程经研磨形成了基本的教学程序，即"观察发现—创意设计—合作实践—交流分享—延伸拓展"。

通过五个环节，即创设生活情境，产生研究问题的观察发现环节；分析问题和需要，设计方案及流程的创意设计环节；动手合作，在做中学、做中思的合作实践环节；在探究中交流，在交流中思考的交流分享环节以及从实际出发，将知识和方法进行迁移、延伸，继续发现问题的延伸拓展环节最终使学生达到像科学家一样思考、研究问题，像工程师一样设计、实践，最终解决问题。

（一）工程实践类整合课程

工程思维就是以系统分析和比较权衡为核心的一种筹划性思维。学生能够认识系统与工程的多样性和复杂性；能运用系统分析的方法，针对某一具体技术领域的问题进行要素分析、方案构思及比较权衡；领悟结构、流程、系统、控制基本思想和方法的实际运用，并能用其进行简单的决策分析和性能评估。

我们根据小学科学五年级下册《形状与结构》单元教学要点设计《搭支架——搭建倒置结构》科创课程。

案例

搭支架——搭建倒置结构

观察发现环节：学生通过欣赏各国著名建筑与上海世博会中国国家馆的照片，在观察、类比结构的基础上，引导学生发现倒置结构类型建筑的优势，即节约占地面积。那么，形状与承受力、结构与稳固性在倒置结构类型建筑中是如何发挥作用的呢？教师设计了一个"学校旁的紫薇田园小区由于土地面积有限，需要建设倒置结构，来更好地满足业主体育文化生活的需求"的学习项目。

创意设计环节：根据教师提供的限制性材料胶带、橡皮筋、木棒、剪刀、直尺、泡沫板，小组讨论交流，按照具有一定承载能力，结构底基为 10 cm×10 cm，高度不少于 10 cm 的搭建要求，进行倒置结构的设计。同时，为实践环节进行分工，明确小组成员的具体任务。

合作实践环节：在动手实践中学生成员根据材料及小组的倒置结构设计图，小组合作进行搭建。一边搭建一边调整，测试倒置结构的荷载能力。搭建完成后，小组派测试员用荷载实验法对倒置结构进行测试，观察现象，分析结果，进行记录。

交流分享环节：小组派代表，展示自己的倒置结构作品，讲解设计思路、问题和解决方案以及具体的搭建过程和角色分工。同时各小组认真听取其他组的分享，总结自己的不足，对倒置结构作品进行改进，确保作品的承载力。

延伸拓展环节：通过展示生活常见场景，激发学生思考倒置结构在生活中的应用。同时进行知识的迁移及应用，引导学生将项目作品的设计方案整理成报告提交给紫薇田园都市小区业务管理委员会。

（二）信息技术类整合课程

当今世界，信息技术在飞速发展，各种各样的电子产品进入人们的生活，我们已经进入了信息化时代，"数字"正在影响我们生活的方方面面。信息技术作为一种解决生活问题的工具手段，便捷生活，提高办事效率。而对于信息技术的掌握，不再是为了学习技术而展开学习，它应该融入解决生活实际问题的过程中。

《智能浇花系统》项目特点在于学生经历分解、模式识别、抽象、算法等编程思维完成过滤器、消毒、抽水等程序的编写，并结合开源硬件以合作实践解决了"出门在外无法给鱼换水和植物浇水"这一现实问题，在锻炼学生动手实践能力的同时也发展提高了学生的综合思维能力。

案例

智能浇花系统

观察发现环节：创设真实问题情境，调动学生已有的生活经验，分析生活中传统浇花工具，激发学生解决问题的欲望。为了让学生能够规划智能浇花系统流程图，进行知识铺垫，运用电子书包呈现科技加油站中的内容，涉及新的开源硬件继电器、潜水泵和土壤湿度检测器的作用和使用方法，并利用抢答器这样一种评价方式，测查学生阅读科普资料的能力。

创意设计环节：为了培养学生的编程思维，首先引领学生复习巩固流程图中各图形所代表的含义；其次以小组合作方式完成智能浇花系统工作流程图绘制；最后利用电子书包分享并评价学生工作流程图的情况，让学生直观地感受到各组绘制的工作流程图是否合理，电子书包的运用节省了教学时间，提高了教学效率。

合作实践环节：引导学生根据绘制的工作流程图，利用智能硬件完成智能浇花系统中土壤湿度检测器、潜水泵和主控器等材料的正确连接与程序编写。针对学生要熟练且正确掌握智能浇花系统的制作与调试这一教学难点，利用电子书包设备呈现每个小组制作时线路连接方式并及时点拨连接中出现的问题及其注意事项，并邀请获得成功的小组来帮助其他小组的同学。测试时，运用了电子书包进行投屏，展示每个小组的最终测试结果，不但实现了生生间信息交互，为其他小组的后续改进提供了间接经验，而且促进了学生不断改变学习方式，在合作与探究中完成项目的实施。

交流分享环节：学生根据作品完成情况，从成败两个方面进行分析，找到成败的关键点，在交流中实现思维的碰撞，发展学生的批判性思维能力。

延伸拓展环节：为了培养学生的环境素养和财商素养，课程引导学生从功能、外观、成本以及市场规律等方面对产品进行设计和改进，学生通过角色扮演进行产品推广。

(三)科学探究类整合课程

探究性学习是以学生的主体实践活动为主线展开教学过程，让认知活动建立在实践活动的基础之上，用学习主体的实践活动促进学习者的发展，特别强调学生的感知、操作和语言等外部的实践活动的交融、统一。在探究性学习中，学生像科学家那样，发现问题、解决问题，经历一个完整的科学研究过程，在此过程中能够大胆质疑，对不同的结果进行分析，培养学生的创新意识和创造能力。

《吃的学问》这个项目，学生联系生活常识，认识人体消化器官，了解食物在体内的消化过程。在发现与引入环节采用游戏导入法，通过出示走迷宫图片，1~2名同学体验走迷宫游戏，引出"起点""终点"概念，引导并引发学生思考食物进入口腔历经怎样的过程最终排出体外？这样设计的目的在于首先用走迷宫活动调动课堂活跃的氛围，同时用类比的方法将食物从口腔进入人体并从肛门排出人体的过程比作迷宫，激发学生探究食物在人体消化过程的欲望。

案例

吃的学问

授新与探究环节：

（1）针对教学重点与难点，学生在自主学习资料——《消化器官与功能》后，对食物的消化器官进行分享。此环节是学生自主学习效果反馈的重要环节，是将消化器官的种类、消化方式、食物的消化过程这些学习结果的展示。

（2）制作食物消化海报。通过绘制食物消化海报，通过画一画、贴一贴、说一说的形式进一步增强学生对消化器官的认识。学生依据部分设定内容进行海报填充。为了充分体现学生的个性和创造能力，各小组给定的器官并不相同。这样的设计增加课程丰富性，同时激发学生的创造能力。

总结与分享环节：通过对自制海报的展示，配以解说，使学生清晰地认识到食物在人体的消化过程。教师在此环节中主要采取引导学生认真听讲的形式展开教学。这不仅有助于发展学生总结及语言表述的能力，而且充分地体现了学生在课堂上的主体地位。

拓展与探究环节：本课的拓展内容为认识保护消化器官的重要性，

养成良好的饮食习惯，属于课堂的生活常识的拓展。学习食物的消化其本质目的在于认识自己的身体、了解各器官的工作方式，从而为自己的生活服务。这样的拓展设计充分体现了学以致用，回归生活的本质。

我们将课程分为三类，但是有些课程也融合了三类课程的特点，具有相容性和交叉性。在"双动五步"合作式科创教学模式驱动下的科创课程，应该在原有教材基础上进行二次创新和改进，让引入环节变得更加生动有趣，让每个成员在实践中变得更爱思考，让小组合作变得更加团结和谐，让各个教学环节变得更加紧密考究，让每一个主题的探究都以省略号结束。

第五节 "智维数学"教学法

数学是一门多彩的艺术，是人类文化的重要组成部分，数学素养是现代社会每一个公民应该具备的基本素养。我们的现实生活中处处都有数学，并且随着现代信息技术的飞速发展，数学更加广泛地应用于社会生产和日常生活的各个方面。作为促进学生全面发展的重要组成部分，"数学教育既要使学生掌握现代生活和学习中所需要的数学知识与技能，更要发挥数学在培养人的思维能力和创新能力方面不可代替的作用"，而小学数学教育是通过经历抽象、运算与建模等过程，体会数学的基本思想和思维方式，获取分析问题和解决问题的一些基本方法，是提高实践能力发展创新意识的起点，使学生乐意投入到数学的学习探索活动中去。

针对小学数学教育的特点，为了打破传统的教学模式，让教师引得精彩，学生学得灵活，以《义务教育数学课程标准》为基础，结合"高新全人教育"的先进理念，提出了"智维数学"教学法的理念。目的是让数学教学变得生活化、立体化和模型化。这种理念的提出，旨在创设生活化的情境、立体化的知识呈现、模型化的知识探究，让学生通过认真观察、独立思考、动手操作、合作交流等培养学生的抽象思维和推理能力，培养学生的创新意识和实践能力。促进学生在情感态度以及价值观等方面全面发展。该教学法使学生的学习生动、活泼。成为一个主动的、富有个性的学习过程，使教师的教学成为一个启发式、引导式和多元化的过程，使教师轻松、愉悦和富有成就感，也让孩子们快乐地学数学、轻松地学数学，学习有价值的数学。同时，启发其智慧、开拓其思维，为每一个学生在小学阶段全面、持续、和谐的发展奠定一个良好的基础。

一、启迪智慧　开拓思维

孔子言，"智"乃实现其最高道德原则"仁"的重要条件之一。他们要实现"达德"，而要实现"达德"必须经过"智"的五个步骤，即博学、审问、慎思、明辨、笃行。《现代汉语词典》（第七版）中解释"智"：有智慧；聪明。"维"即思考；想。又解释为：几何学及空间理论的基本概念。构成空间的每一个因素（如长、宽、高）叫作一维，如直线是一维的，平面是二维的，普通空间是三维的。故"智维"之含义为"启迪智慧，开拓思维"。将数学教学立体化、模型化、生活化地呈现出来，学生通过独立思考、动手操作、实践活动等过程达到建模的目的，使学生对于所学知识易于理解、便于掌握、找到方法、总结规律，提高解决生活中问题的能力。在掌握数学基础知识的同时，掌握更多的基本技能。从而有利于启发学生的智慧，开拓学生的思维。"智维数学"教学法的理念既遵循了古训的德道，又涵养了当今核心素养的精髓所显。

二、把握原则 建构体系

(一)教学方式立体化

"立体化"有两个层次的含义,第一层含义是教学辅助工具的立体化。也就是教师借助立体化的教具进行演示、学生利用立体化的学具进行操作,将抽象的知识以立体的形式呈现出来,让学生在动手、动口、动脑的体验、探究过程中达到对知识的感知、理解。使学生经历了一个立体化的认知过程,便于学生观察、理解和分析所学数学知识的内涵和本质,更好地了解所学数学知识的本质特征,从而加强对所学数学知识的理解和掌握。整个过程有利于学生动手能力的培养,也有利于学生空间想象能力的增强。第二层含义是西安高新国际学校"双导双向五环节"教学模式,通过教与学的相互作用,新知识在学生的已有旧知识基础上经过同化、顺应而成为学生旧知识的一部分。这样的新知识成为旧知的生成过程,横向是学生与老师之间的相互作用的关系,纵向是旧知识与新知识之间的冲突关系,共同构成了一个立体知识生成的结构。

(二)知识呈现模型化

"模型化"即经历模型化的过程,首先要明确的是"使用数学语言、符号和图形等形式来描述的事物被称为数学模型",学生学习数学知识的过程,就是对一系列数学模型的理解、把握的过程。"模型化"思想有助于使所学知识产生结构上的联系,是解决问题的重要形式,也是培养学生"运用数学"的重要途径。通过对数学模型的研究来解决实际问题是重要的数学方法,也是一种数学能力。模型化思想,不是让学生学会用死的模型去套活的知识,而是让学生通过模型化的思维,对抽象的知识加以总结、提炼、概括,进而达到"建模"的目的。在课堂上、实践活动中通过个人或者小组合作，经历动手操作、合作探究等，使学生所学数学知识模型化，从而加强学生的感知，增强学生的认知能力，使得学生易于对所学数学知识的理解和掌握。整个过程不但激发了学生的数学思维，而且培养了学生们的自主探索能力。"模型化"的思想，培养了学生的抽象概括能力，并能将纷繁复杂的现实事物抽象概括为统一的"数学结构"，并运用这一结构来解决实际问题，这和新的课程标准所倡导的"情境——建模——应用"教学模式相一致。

（三）学习情境生活化

"生活化"即创设生活化的情境，联系实际生活，使得数学学习生活化，使学生能结合生活实际学习数学知识，继而再用所学到的数学知识来解决实际生活问题，应遵循"数学来自生活，应用于生活"。教材中的情境加强了数学与现实的联系，让学生将数学与生活相联系，从感兴趣的问题入手来学习数学、理解数学、应用数学，即"学生活中的数学，解决生活中的问题"。并且让学生运用已有的生活经验，通过思考、探索、联想等加强对所学数学知识的理解和掌握。整个过程不仅有利于学生学习兴趣的增强，而且有利于学生应用所学数学知识解决实际生活问题能力的提高。"生活化"是学习数学的起点，又是归宿，新的课程标准要求"人人学有价值的数学"，缺乏了生活情境的数学，就成了干枯的数字和运算，就成了没有生命力的枯木，学习数学也就没有了价值。

"智维数学"教学法通过创设生活化的情境，立体化的教学方式，模型化的知识呈现，从而达到生活化的应用，充分体现了该教学法的优势。"智维数学"教学法的提出，着眼于学生的全面发展，落脚于新的课堂教学改革，使西安高新国际学校的"高新全人教育"理念在数学课堂中落地生根。

三、细化实践　系统提升

(一)科学划归课型类型，针对设计教学流程

"智维数学"教学法根据各种课型的性质和特点又将课程类型体系从宏观上分为理念类、实操类和实际应用类3大类型。理念类课型以"概念和算理的理解和掌握"为核心，这类课通过生活化的情境，重在学生的"理解"和"思考"，旨在学生认知能力的提高和方法的掌握。实操类课型以"动手操作和公式的推导"为核心，这类课通过立体化的呈现过程，重在学生的"动手"和"讨论"，旨在学生推理能力的增强和模型的建构。实际应用类课型以"应用所学知识解决实际问题"为核心，这类课通过模型化的实例，重在学生的"联想"和"感悟"，旨在学生分析、综合能力的提升和数学素养的培养。三类课型体系不是相互独立和分割的，而是一个密切联系、相互交融的有机整体，对学生学习的全面、持续、和谐的发展有着重要的意义。

"智维数学"教学法根据小学数学课程的性质，课程的基本理念，课程设计的基本思路，结合高新国际学校"高新全人教育"的全新思想，经过高新国际人不断地实践和探索，将课程类型细化，分为以下6种基本课型：算理课、概念课、实践与应用课、数据的整理与统计课、几何操作课、整理与复习课。

1. 算理课

(1)课型分析

计算学习包括算法理解，技能习得和问题解决，它们相互联系并构成教学的整体。小学数学中的算理是由数学概念、运算定律、运算性质构成的，是探索与解释算法的理论依据。算法主要解决怎样计算的问题，而算理主要回答为什么这样算的问题。通常所说的计算法则是用来说明计算规则和逻辑顺序的，是人为的规定与选择，是算理的

合理运用。

(2)教学设计(图 3-1)

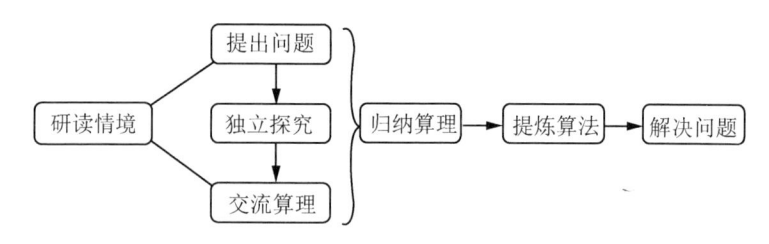

图 3-1 算理课课型教学流程

例如,乘、除法是学生学习了加、减法之后再学习的新运算。学生学习乘、除法需要更多的数学理解,要以新的思维方式进行思考。一般认为,学生学习乘、除法是计算概念的一次扩展,是认知上的一次飞跃。理想的计算教学应当是在理解算理的基础上掌握算法。

(3)注意的问题

教学中要处理好三者之间的关系,注意避免把获得正确的计算结果作为教学的唯一要求,应当重视在计算活动中对学生的思考性训练,注重培养学生的创新思维能力。

在进行算理课课型教学设计时,要注意以下几点:一是生活情境的设计要贴近学生的生活,突出研究的主题;二是在教学过程中,活动设计系列化,让学生在活动中经历知识同化、顺应的建模过程;三是学习的新知识要有落脚点,即要让学生知道这些知识能解决什么样的问题。

2. 概念课

(1)课型分析

数学概念教学是数学知识体系的"细胞",是建立数学理论的基础。正确理解、掌握和运用数学概念是学好数学理论的前提。数学概念课包括数的认识、图形的认识和量的认识。数的认识主要学习整数、小数、分数(百分数)这些数的意义、大小、读写;图形的认识主要学习立体图形和平面图形的特征；量的认识主要学习长度、面积、体积（容积）、质量、角度的计量单位。

(2)教学设计（图 3-2）

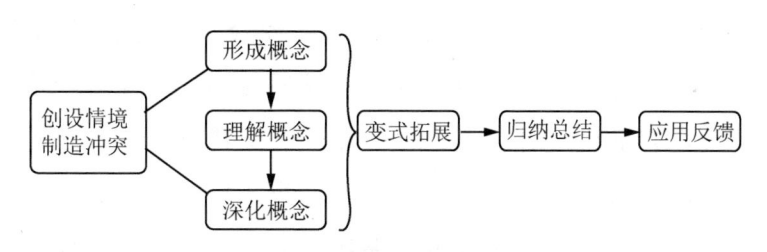

图 3-2　概念课课型教学流程

以《面积单位》为例。它是在学生已经理解了面积的意义、能够初步比较图形的面积大小的基础上进行教学的，在此之前学生已经认识了"米、分米、厘米"等长度单位。为了认识面积单位，本课由"体会统一面积单位的必要性""认识面积单位""体会面积单位的实际大小"三个问题贯穿。通过这三个问题，认识面积单位，包括认识平方厘米、平方分米和平方米，体验这些面积单位的实际大小。这些知识是今后学习面积计算的基础。

(3)注意的问题

数学概念课教学要求深入浅出，螺旋上升，并在已有认知的基础上进行再概括。数学概念课具有渐进性，这也是"教学要与学生认知水平相适应"的原因所在。为了更利于学生开展概括活动，教师要重视让学生能够自己举例，"一个好例子胜过一千条说教"。

3. 实践与应用课

(1)课型分析

课程标准指出："综合与实践"的实施是以问题为载体、学生自主参与为主的学习活动。它有别于学习具体知识的探索活动，更有别于课堂上教师的直接讲授。它是教师通过问题引领、学生全程参与、实践过程相对完整的学习活动。"综合与实践"是实现学生积累数学活动经验、培养应用意识和创新意识的重要课程。"综合与实践"重在综合、重在实践，让学生在活动中注重数学与生活实际、数学与其他学科、数学内部知识的练习和综合应用；让学生在活动中自主参与、全过程参与，注重学生积极动脑、动手、动口，经历实践的过程。"数学好玩"和"解决问题"都是在一个阶段的学习之后进行的学生知识应用能力的活动设计，有活动设计、有合作交流、有实践操作、有问题的思考与解决。形式丰富、灵活，并且注重了自我评价。这一类课型的教学设计应该以学生原有的知识经验为基础，有目的地解决一些问题，在解决问题的过程中，学生要综合各种信息与原有经验，经历亲身实践、操作、发现的过程。教学环节与建构主义的"抛锚式"教学法一致，"基于问题的教学"。教师通过创设情境来确定问题，学生通过自主学习、合作交流、汇报展示等学习过程来解决问题。

(2) 教学设计 (图 3-3)

创设情境 → 确定问题 → 自主学习/合作交流/展示汇报 → 建模 → 应用

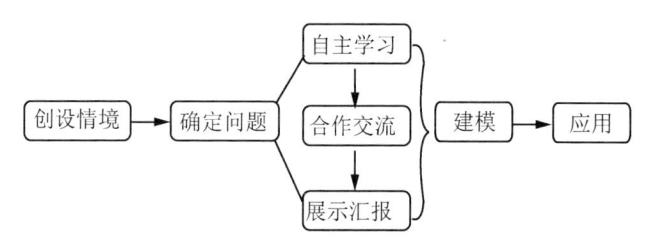

图 3-3　实践与应用课型教学流程

以《分扣子》为例。这节课的内容是以学生对生活中的事物进行整理和分类为基础，是在学生初步学习了分类和比较的知识之后安排的，既是对前面所学知识的巩固和综合运用，又是以后学习简单统计的基础。实践活动《分扣子》旨在引导学生选择不同的标准给纽扣进行分类，并在分类的基础上进行比较、交流，培养学生初步观察、比较、分析的能力。让学生经历分类活动的过程，学会有条理地思考分析。这节"综合与实践"课是在学生充分的活动基础上展开的，要求每个学习小组准备一套主题图：各种不同的扣子纸片。

第一阶段：创设情境，确定问题。这些扣子可以怎样分类？

第二阶段：探索实践，建构模型。分为四步进行。

自主学习。学生在一年级上册已经有了《整理房间》《一起来分类》这样的经验，知道了分类的标准以及不同的分类标准会产生不同的分类结果，所以学生可以结合自己的已有经验，通过观察、独立思考，确定解决问题的方法。

合作交流。学习小组内交流、动手操作，锻炼学生语言表达能力以及用规范的数学语言表达自己的数学思想的能力，同时参考组内其他同学的不同意见，完善自己的想法，小组合作完成分类任务。

展示汇报。在展示汇报环节，先让学生根据已有经验猜一猜，然后再动手验证，汇报时，说清楚是学生先按照什么标准分的，再按照什么标准分的，最后结果怎么样，在分享中借鉴解决问题的策略，因为学生发现按不同的分类标准给扣子分类，结果可能是不同的，但分到最后结果是相同的。知识的模型建好后，利用模型来应用于生活，可以解决后面的练习题。

自我评价。这个评价表格从三个维度让学生对自己的学习进行评价，这样学习过程的重要性要大于对学习效果的考量，我们"智维数学"课堂恰恰就是重视学生学习过程中的参与、知识构建的过程，更加关注学生的学习过程及学习方法的培养，更能体现以学生为学习主体的灵活课堂。

(3)注意的问题

实践与应用课型对培养学生的合作意识，动手、动口能力，应用意识和解决问题的意识都非常重要。在教学过程中，要注意学生独立思考、操作、交流、反思、提升的环节，通过学生学习产生收获的知识生成过程，这个过程的经历对学生来说是最重要的。我们学习知识，获得的新知识应该应用于我们的生活，能解决新的实际问题，让学生知道学到的知识、方法有什么用，才会对学习新知识产生兴趣和积极性，学到真正有价值的数学。

4. 数据的整理与统计课

(1) 课型分析

在小学阶段涉及的统计与概率的知识很多，从一年级的分类到表述可能性的大小，再到高年级的运用分类的思想，收集、整理、表示、计算、预测数据，绘制三种统计图以及复式条形、复式折线统计图、会计算概率等，尤其是估计的地位更为突出，凸显了新教材所提倡的"应用"意识和解决实际问题的能力。这些都是在具体生活情境中可操作的，有很强的应用环境。这种课型的教学流程应从生活情境入手，提出问题，由学生通过合作交流、操作交流、展示交流、发现交流等合作环节进行新知识的建模，进而达到运用发现来对数据进行表示、预测，实现运用知识解决实际问题的目的。这种课型主要体现生活化、模型化的数学理念。

(2) 教学设计（图3-4）

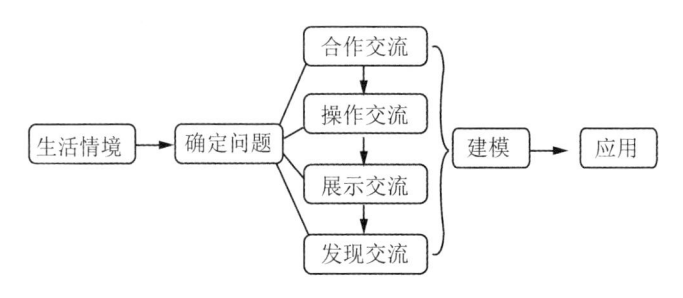

图3-4 数据的整理与统计课型教学流程

以三年级下册第七单元《小小鞋店》为例，重点是"数据的整理和表示"，这是在收集数据与分析数据之间要做的一件重要的工作。

创设情境。本节课通过鞋店"进货"情境，引发学生提出问题，引导学生经历调查、整理、表示和分析数据，并做出统计决策的过程，体会统计的必要性。

建模过程。第一步了解鞋店进货前需要调查的对象和目的，第二步尝试整理和表示淘气班调查的数据，第三步是学习用统计图直观有效地表示数据，第四步做出统计决策，实现调查的目的。在进行数据的整理和表示的时候，学生会有不同的思考，只要能够正确表示自己的数学思想的方法都是可以的，通过对比来发现哪些方法更有助于整理和表示数据，让学生经历化繁为简、取长补短的学习过程。这个过程，是学生经历合作、操作、展示、发现的新知建模过程。

生活应用。在完成学习新知识之后，要让学生学会使用所学知识来解决实际生活问题。可以通过独立思考、小组交流、合作探索等形式让学生经历用所学知识解决实际问题的过程。

(3)注意的问题

在进行数据的整理与统计课型教学设计时，要注意以下三点。一是要注意统计与概率是在生活的原形基础之上的，要充分尊重学生对生活的理解，没有绝对的对与错，只是合理性的差异；二是要关注学生不同的表达方式，及时给予学生能够改进的更数学化的表达形式；三是要立足于学以致用，体现数学的价值，让学生感受学习数学的重要性。

5. 几何操作课

(1)课型分析

这类课型主要的特征是能够以直观的模型立体化地呈现在学生面前，以便学生开展直观感受、操作、测量、比较等数学活动。直观化的学习形式，更容易让学生情感上接受，获取最直接、最真实的感受，印象也会更加深刻。它的主要教学流程是通过学生对实物的体验建立感知、感受、感觉，形成对新知立体化的认识，达到应用的目的。即给学生提供可以让学生亲身感知的实物或场景，通过学生的动手操作、测量、体验、感知形成整体认识，进而达到能运用、能估计、能解决实际生活问题的能力，这里主要体现模型化、立体化的数学理念。

(2)教学设计(图 3-5)

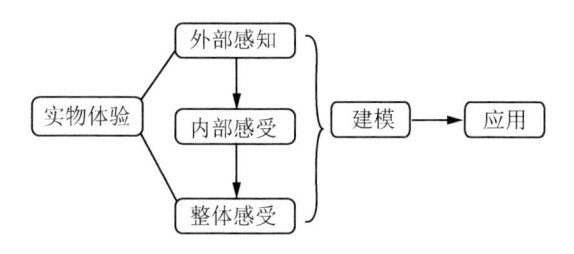

图 3-5　几何操作类课型教学流程

几何操作课应该从学生的生活经验和已有的知识背景出发,向学生提供充分的数学活动和数学交流的机会,帮助他们在自主探索的过程中真正理解和掌握图形与几何的基本知识与技能,基本的数学思想和方法,同时获得广泛的数学活动经验。联系学生的生活实际就是要充分考虑学生的生活、学习空间中已有的图形与几何的经验和知识,充分运用这些经验和知识来学习新的图形与几何的内容。

例如,搭积木是儿童熟悉的活动。学生在搭积木的过程中,已经积累了一些关于图形与几何的知识,我们在教学中就充分利用这一点,在一年级刚入学时,从学生熟悉的玩积木开始,让学生提出问题。然后通过滚一滚,叠一叠,摸一摸,连一连等丰富多彩的活动,初步认识立体图形。

再以《长方体的认识》为例,这节课是在学生已经认识了长方形、正方形,会计算长方形、正方形的周长和面积的基础上进行的,是即将学习长方体、正方体的表面积、体积的基础,同时也是平面化图形的认识向立体化图形的认识的过渡,是立体图形认识的起始课,对今后继续深入学习立体图形有着非常重要的作用。本节课在教学时,需要让学生准备长方体、正方体实物。

第一层次——外部感知。通过学生主动地观察实物来认识长方体,发现长方体、正方体的点、面、棱的数量。实现对长方体、正方体的外部感知,了解长方体、正方体的外部特征及各部分名称。

第二层次——内部感受。再通过数据测量、记录、对比发现长方体的各条棱的长度，掌握12条棱之间的长度关系，得到"正方体的12条棱都相等，长方体相对的4条棱都相等"。教师让学生形成比较具体的关于长方体的内部感受。

第三层次——整体感受。抽象图形，认识长方体的长、宽、高。这一部分是本节课的难点，主要是学习长、宽、高的认识以及认识长方体实物的透视图。教师引导学生进行一系列思考：长方体的12条棱可以分为几组？怎样分？为什么？相交于一点的三条棱长度相等吗？如要知道长方体12条棱的长度，只要量出几条就行了？哪几条？通过这样一系列的问题让学生知道了"长、宽、高"，知道了长、宽、高相交于一个顶点这样的特点。让学生观察长方体教具，明确最多能看到哪几个面，然后引导学生看透视图，由于透视原理，看不见的面的线条用虚线画出，然后出示一组长、宽、高，让学生判断出其余长、宽、高的长度，再然后学生自己动手画一画，画一个长方体的透视图。这样，学生从整体上对长方体有了比较明确的认识，八点六面十二棱、长宽高四棱相等。从外部感受到内部感知以及整体的感觉都有了。

最后，再根据学生所学知识内容设计合理化的情境问题，以达到应用数学解决实际问题的目的。

(3)注意的问题

在进行"几何操作"类课型的教学设计时，要注意以下几点：一是充分利用教具、学具，让学生在充分的动手、动口、动脑的活动中展开学习活动；二是教具、学具的准备要有典型性，能够针对性地解决学生的问题；三是要注意规范学生的语言表述，用数学化的语言来描述数学思想；四是注重学生的操作意识和画图能力培养。

6. 整理与复习课

(1)课型分析

复习课是对已学过的知识进行重新学习，但不是对已学知识的简单重复、单纯的查漏补缺，而是通过知识梳理，把教材中的各部分知识进行归纳、分类整理，以达到将所学知识融会贯通的目的，从而进行更高层次的再学习。

(2)教学设计(图 3-6)

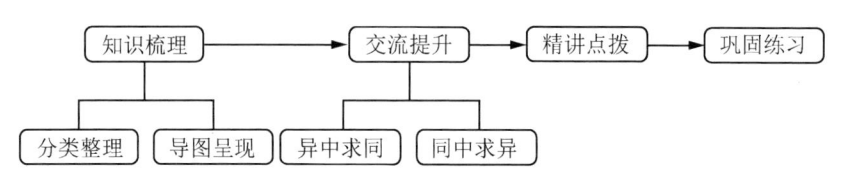

```
知识梳理 → 交流提升 → 精讲点拨 → 巩固练习
  │           │
┌─┴─┐      ┌──┴──┐
分类整理 导图呈现  异中求同 同中求异
```

图 3-6　整理与复习课型教学流程

在知识梳理这一环节中要让学生自主地选择一定角度梳理知识的内在联系，教师可加以指导。梳理，就是将旧知识点按一定标准分类、汇总、联系。因此，梳理是复习课的一个重点。梳理要完成两项任务：一是将知识点联结起来；二是把各知识点分化开来。这些工作教师在备课时应充分准备好，否则上课时会造成混乱。梳理往往同思维导图联系起来，使视听融为一体，增强复习效果。梳理过程实质上是将知识条理化、系统化的思考过程，其间应用的思考方法主要是"分类"，即根据一定的标准将知识分化。

例如，四边形的复习可根据对边关系分成两类：两组对边分别平行的四边形(平行四边形)，只有一组对边平行的四边形(梯形)。

在精讲点拨中例题的选择尤为重要，要遵循以下原则：

第一，题目类型要有代表性，题目涉及的知识点要尽量覆盖复习的内容，具有一定的综合性。最好是"一题多解，一题多变"的训练。

第二，题目的编排要按逻辑顺序排列，以便学生由浅入深地学习。

第三，题目设计不要贪多，别指望一节课能解决所有的问题。此外，要考虑本班的学情，所选的题目应有不同的层次与梯度，使基础好的学生能解拓展题，基础差的学生能解常规题。

(3)注意问题

复习的目标定位要准确，要面向全体学生，要留给学生思考的时间与空间，让学生充分暴露思维过程中的问题。

在知识梳理时分类要准确、清晰，不可重复分类；要从本质上分类，不可从形式上分类；分类要能促使学生的思维更加有条理性，促使学生建模能力的提高。

（二）多元评价教学效果，全面促成学生发展

《义务教育数学课程标准》(2011版)指出"评价的主要目的是全面了解学生数学学习的过程和结果，激励学生和改进教师教学"。"评价不仅要关注学生的学习结果，更要关注学生在学习过程中的发展和变化。应采取多样化的评价方式，恰当呈现并合理利用评价结果，发挥评价的激励作用，保护学生的自尊心和自信心。"再结合本校"高新全人教育"的理念，"智维数学"教学法倡导建立多元化的评价体系。评价分为过关式评价、预约式评价、操作式评价、实践式评价、合作式评价、游戏比赛式评价、综合式评价等。教育就是评价，评价的核心就是关注学生全面发展情况。在关注学生基本知识和基本技能获得的同时，更关注学生学习的过程、思维的方法以及相应的情感态度和价值观等方面的发展，只有这样，培养出的学生才能适应时代的发展需要，才能保证每个孩子身心健康、兴趣广泛，生活态度积极向上，才能培养出有知识、有能力的创新人才，才能真正培养出"高新全人教育"理念下全新的"高新少年"。

1. 过关式评价

各教研组根据教学内容，将某一阶段的基本计算与基本技能以过关的形式对学生进行评价。这种评价的好处在于既体现了评价的反馈调节功能，又体现了评价发展促进的功能，保证了学生的双基发展。

2. 预约式评价

这种评价方式充分体现了以人为本的思想，对学生有着极大的鼓励和促进作用。这是对于"过关式评价"的补充评价方式，对于过关式评价未过关的学生采取的一种缓冲评价方式，给这些学生足够的时间

和空间，在教师、家长以及同学的帮助下，在学生准备充分时向教师提出预约，最终过关，这种评价方式有效地保护了学生的自尊心和自信心，同时也增加了学生学习的兴趣，使学生所学的基础知识得以有效地巩固。

3. 操作式评价

结合空间与图形等方面的内容，将评价内容设定为制作某类数学图形及设计某类数学活动。这种评价方式的好处在于既很好地体现了"智维数学"教学法"三化"的思想，又能充分发挥评价的展示激励功能，促进了学生学习，又提高了学生的学习兴趣。学生的评价分为三个等级：收藏（发证书）过关、待过关，对于"待过关"的学生会主动参考其他学生的经验进行二次操作，并最终顺利过关，从而有效达到我们的学习目的。

4. 实践性评价

结合所学内容，开展测量、调查、统计等实践活动，从中获得所需要的信息，进而进行比较、分析、得出结论，最终提出数学问题。这种评价方式有利于学生进一步体验数学学习对象，增强对数与量的感知，从而更好地理解数学知识；增强其对实践与应用部分知识的理解，最后将其收集的资料收集到成长记录袋。通过实践，让学生进一步提高动手能力，并从中去思考，培养其各种能力的同时拓展其思维。

5. 合作式评价

根据教学内容，设置学生同桌之间、小组之间合作式评价。这种评价方式旨在培养学生主动地参与学习活动，学会与他人合作交流，尝试从不同的角度解决问题，使学生能够有条理地表示自己的思考过程，学会倾听和理解别人的思路、反思自己思考过程的意识。同时也很好地培养了学生的合作意识及协调能力等。

6. 游戏比赛式评价

根据所学内容设置情景式或比赛式的游戏进行评价，这种评价方式有利于激发学生的学习兴趣，并且在巩固其所学知识的同时，有效地拓展了学生的知识面，达到了基于教材，而不拘泥于教材的目的。这有效地提高了学生的思维能力和反应能力以及创新能力，达到了发展和提高的作用。

7. 综合式评价

针对学生的学习内容展开期末综合性评价，有效地反馈教学效果，反思教学方法，改进教学措施，从而有效地保证教育教学质量的提高。

(三)聚焦集体教研反思，促成教法落地精进

1."导师"引导，集体备课

自本校"智维数学"教学法提出以来，集体备课有力地助推着新教学法的落实与实施。本校数学教研组实施"导师工程"，"导师"引领每个教研组组长就每个单元的内容，分配给每位教师都主备1~2课，由"导师"进行理论与方法的指导，编写出高质量的教学设计。避免了以前每人一个单元备课的随意性和盲目性。每位教师每个单元只备1~2课，所以就更为精心，思考得更多。结合"智维数学"教学法的要求，从学生的认知能力和思维水平的角度出发，设计合理的、高效的教学环节和探索活动。从学习目标、教学重难点、问题预设、教具学具、教法学法等方面结合具体的课型课例进行深层次的分析和理解。对于非本人备的课要求做深入思考，整理自己的思路想法。利用集体备课时间，由主备人阐述自己本课的想法和理念。其他教师再进行讨论交流，发挥集体的力量，让智慧共鸣，共同来优化这一节课的教学设计，使每一节课的教学设计都能成为一件精品化的作品。备课先行，为上好课做铺垫。

2."试水课"先行，实践灵感

以教研组组长为引领，以"智维数学"教学法的"三化"思想为核心，开展组内研讨课，每周每个教研组就不同类型的课先由一位教师尝试展示，进行教学研讨，称为"试水课"。然后通过集体听课，同时邀请

其他组的教师听课、共同研讨。然后进行积极反思，再进行二次备课。很好地优化了教学设计，得到成熟的案例。再进行各自班的教学，效果甚佳。这样既丰富了本组教师的备课经验，有效地提高了每一位教师的备课能力，又使得"智维数学"教学法的理念得到很好的领悟和落实。长期以来，各位教师在这样的研讨氛围内，对于"智维数学"教学法的内涵有了深刻的认识，均能积极主动地请试"试水课"，形成了你追我赶的学习氛围，让每一位教师的教学灵感开出了幸福之花，有力地推动了"智维数学"教学法的研究与实施。

3."亮点课"展示，深化理解

通过组内研讨活动的有效开展，"智维数学"教学法的亮点不断涌现，各个教研组均积极主动地要求将本组的成功课例进行全校展示，称为"亮点课"。通过"亮点课"的展示，例如，宫静老师执教的《小小设计师》，郭晶莹老师执教的《整理房间》，任云娟老师执教的《分扣子》，邢雪老师执教的《分一分》，郭荣老师执教的《认识正负数》，杨蕊老师执教的《一分有多长》等，校内的交流研讨，再次明示了"智维数学"教学法的理论内涵，引领着所有教师将"智维数学"教学法的精神很好地贯穿于课堂教学当中。

整个教研过程充分发挥了"导师"、教研组长和每一位教师的能动作用，把日常教学工作与教学研究融为一体，在重视教师个人学习和反思的同时，特别强调教师集体教研的作用，强调教师之间的专业切磋、协调与合作，互相学习，彼此支持，共同分享经验，倡导科学精神和实事求是的态度，营造求真、务实、严谨的教研氛围，使得本校"智维数学"教学法开展得如火如荼，取得了显著的效果。

4. 及时反思，深化教学之成效

反思是一门很深的学问，在"智维数学"教学法的推进与深化过程中，我们不仅要反思成功的得意之处，将这些亮点与经验作为以后教学的参考，不断改进和完善教学，而且要反思课堂中出现的问题，使之成为以后教学时的借鉴，同时找到针对问题的解决办法和教学新思路，写出改进的策略和"二次备课"的新方案。除了要反思教学模式，还要关注这种教学模式中的学生，他们的见解与困惑，这不仅有关学生对于教学内容的接受水平，而且反映出学生在这种教学模式下的学习规律。针对学生见解与困惑的反思是改进教学内容，完善教学模式，激发学生主体性的基础。

第六节 "博融语文"教学法

"博融语文"的提出基于对学生核心素养培养的深入解读和现行语文教学的深刻反思。《义务教育语文课程标准》（2011年版）指出：语文教学要注重语言的积累和感悟，注重整体把握和熏陶感染，注重跨学科的学习和现代科技手段的运用，教学内容和方法的选择都要有助于帮助学生形成自主、合作、探究的学习方式，开阔学生的视野，提高学习效率，初步养成现代社会所需要的语文素养。而中国学生核心素养对此进行了更为高位的凝练，将语文学科对学生终身发展能力的奠基作用提到了新的高度，这促使我们反观现行的语文教学。

不难看出，现行的语文教学，不管是从内容上还是形式上，都与学生核心素养培养的目标有一定距离，精准诊断、积极革新势在必行。基于阅读材料匮乏、课程目标琐碎、教材枯燥刻板等问题的深刻剖析，需在"高新全人教育"理念的高位指引下，破除旧格局、确立新思维。从学生阅读发展规律出发，期待通过长期学习、实践与反思，探索并提炼出"博融语文"的教学主张，一改教材承载的教学内容少而单薄的旧疾，帮助学生养成终身发展和社会需求的核心素养。

一、"博融语文"教学法的内涵

"博融语文"是对国家语文课程的拓展与延伸，是国家课程校本化实施的有效探索。"博融语文"在文化内涵上可以从"博融"的核心解读中获得，"博"取其形容词义可解为"大通也，即宽大、博大"，取其动词词义可解为"广而多地采纳"；"融"则取其"使之融合、聚在一起"的内涵。可见，"博融"是一种目标，期待学生具有广博而融合的知识能力；"博融"也是一种方法和思维方式，博采各方并加以融合。"博融语文"在架构设计上以教材中的单元主题为主线，选择与单元主题相关联的古今中外的名篇佳作，在关注学生的认知规律且有利于提高学生阅读能力的前提下，根据课文的类型和选材将相关内容有机融入现有教材，组成新的大单元阅读学习内容库。概言之，"博融语文"是以语文教材中的"主题"来"重构"教材内外的丰富阅读素材，建构出校本化的语文课程资源，聚焦学生核心素养，以量启智，以情润心。

(一)主题整合　博融知识

"博融语文"教学以主题整合学习内容，全方位、立体化发展学生语文素养，主要有多学科整合和学科内整合两种方式。前者是打破知识的学科界限避免学生思维的狭隘与固化；后者是对学科课程的教育价值进行最大限度地挖掘与最深程度的整合。这两种整合方式，汇集到教材的每个具体单元中，整体推进，形成持续而开放的课程群，深度提升学生的必备品格与关键能力。实施多学科整合主要是打破课程教学的学科界限，以主题整合各学科的相应知识技能，促进学科融合，使学生在综合的课程体系下学习。发展心理学研究表明，多层次、多角度地呈现同一主题之下的知识，使不同学科的知识之间发生联结，此时的学习效果最好。因而主题引领下的多学科整合课程，其设计思想是让学生通过对主题的探讨获得相关各学科的知识与技能，使学生获得对事物整体的认知，同时通过自主、合作、探究的学习方式在解决问题的过程中认识事物、增加体验、锻炼反思，从而形成良好的情感、态度和价值观。多学科主题教学为实现学习方式的变革提供了可能。注重学科内整合是要突破一个版本的教材对学科内容的一家之言，拓展学习内容、注重学科内部的知识联结。

(二)结对托扶　清晰范式

"博融语文"教学范式的提炼，是集力汇智的结果。其具体的形成过程主要是，一名教师上课，另一名教师随堂听课，根据上课教师的教案设计与课堂教学，尝试着阐释上课教师的设计意图并总结该课的课型以及特点与流程，课后两名教师对此展开交流达成共识，可以称为"一托一"机制。经过多位教师的协同合作与智慧碰撞，目前已初步形成大单元"博融语文"课程教学范式，包括"方法类"与"知识类"两大类，单元导读课、精读品析课、以文带文课、群文阅读课、读写联动课、单元梳理课、读书分享课、阅读专项课、阅读方法课九种课型。

方法类课型的主要目标是帮助学生掌握学习方法，促成其学会学习。教师在教学中时刻谨记"方法意识"，在知识的教学过程中突出知识的形成过程，向学生示范知识背后的思维和意义，带领学生进入"知其所以然"的探索过程，其中注重引导学生习得正确而高效的学习方法，如阅读专项训练课、阅读速度与方法的训练等都属于方法类课型。知识类课型以获得知识提高能力为主要任务。对学生而言，能够转识成智的知识应具备三个特征，即完整性、系统性与个体性。完整性是指知识的丰富度，以一定量的知识为基础；系统性是指知识的关系度，表现为知识的网络化；个体性是指知识是被吸收了的、内化的状态，而非外在于学生的僵化知识。基于这样的认识，知识类课型注重引导学生自主构建知识体系，以海量阅读形成知识网络图。精读品析课和群文阅读课等属于知识类课型，这两大类课型的有机结合很好地解决了语文学习中的"学什么"和"怎么学"的问题，避免传统教学只关注教的内容和知识掌握度，忽视教学方法的有效性以及教学目标的完整度。

（三）且思且行　重构教学

1. 出示目标

整体着眼，进入一个单元的学习。向学生明示该单元的整体学习目标，并全面介绍该单元的学习内容，帮助学生形成对学习单元的框架性认知，建立每一课时与整体单元的关系意识。

2. 知识铺垫

教师根据单元主题内容来设定学生课前预习的内容，根据学生预习情况来决定教学内容与节奏。该环节是贯彻"先学后教"原则的重要举措。

3. 学习新知

这是"博融语文"精髓所在，它是以教师指导学生探究的方式来实施的。该环节的探究活动有自我探究和合作探究两类，但无论哪一种探究都是在教师引导下进行的。教师会以任务单的方式对探究进行目的、方法、时间上的指导，辅助学生在探究中思考、观察、操作进而获得结论。学习新知识环节涵盖精读、略读、群文阅读等课型。

4. 复习巩固

这是课堂教学的重要环节，也是检验教学目标达成度的重要方式，是有效课堂的重要指标。为此，这一环节必须在课堂内进行。"博融语文"在每个单元教学之后，设置了专门的单元梳理课，教师带领学生用思维导图对整个大单元学习内容及方法进行梳理，从而帮助学生确立该单元的知识图谱和方法体系。

5. 达标检测

这一教学环节是对本课学习效果的检测与评估，以专项训练和背诵积累分享两种方式实现，在对整个单元的知识点、语言积累量进行量的检测的同时，尤其注重学生对知识的应用意识和能力、学习过程的乐趣与成就感等高阶能力层面。同时通过检测发现问题，查缺补漏，调整下一阶段的教学目标和思路。

二、"博融语文"教学法的实践

(一)单元整体推进

"博融语文"采取"单元整体推进"策略展开,即根据课文的类型和选材筛选出符合学生认知规律、有利于提高学生阅读能力的阅读素材有机融入现有教材,组成新的大单元阅读学习内容库。在教学设计时要把握两个关键点,即单元主题的确定和课程资源的整合。

1. 单元主题的确定

对单元主题的提炼可以从两个路径行进,一是对语文教材中较为明确"主题"的分析,二是从本单元内容和形式的呈现中提炼出"主题"。两条路径共同作用,确定单元主题,统领单元教学内容,指向提升语言、发展思维、涵养精神三维目标的达成。

2. 课程资源的整合

课程资源的整合同样依赖两条路径以形成主题整合课程群。一是多学科整合,指向打破知识的学科界限拓展学生的思维;二是学科内整合,指向对学科课程的教育价值进行最大限度挖掘与最深程度整合。两种整合方式,汇集到教材中的具体某个单元中,整体推进,形成持续而开放的课程群,深度提升学生的必备品格与关键能力。

(二)课程类型举例

"博融语文"理念引领下的课型体系可以分为两大类:一类是工具类课型,主要目标是帮助学生掌握学习方法,促成其学会学习。如阅读专项训练课、阅读速度与方法的训练课属于工具类课型。另一类是知识类课型,以获得知识提高能力为主要任务。对学生而言,能够转识成智的知识应具备三个特征:完整性、系统性与个体性。基于这样的认识，知识类课型注重引导学生自主构建知识体系，以海量阅读形成知识网络图，精读品析课、群文阅读课等属于知识类课型。

下面对几种课型做介绍和教学实例展示。

1. 单元导读课

单元导读课是基于单元整体教学而产生的一种特殊课型，在整个单元的学习中有着非常重要的开启作用。单元导读课定位于激发学生的学习兴趣；在深入学习之前引导学生对整个单元的学习内容及语文要素有整体的感知和了解；渗透并铺垫学习该单元所需的核心方法；并依据单元要素、通过师生交流确立本单元的学习重点。基本遵循导趣—导读（单元文本）—导疑—导行—导读（拓展与共读书目）的教学流程。

例 3-1　六年级上册《艺术之美》

教学实例	案例解读
一、谈话导入 　　艺术有着神奇的魅力，它可以是一首美妙的曲子，一段绝妙的舞蹈，也可以是一幅精妙的书法作品。它吸引着每一个对它感兴趣的人。本单元我们将走进一组文章，借助语言文字展开想象，体会艺术之美 　　二、出示学习目标 　　1. 借助语言文字展开想象，体会艺术之美 　　2. 积累成语并分类 　　三、通读课文，整体感知 　　1. 古人对艺术的钟情 　　(1)对照文章注释，读一读《伯牙鼓琴》和《书戴嵩画牛》，说说两篇古文讲了中国古代艺术家的什么故事？ 　　(2)同桌互读，读通句子。 　　(3)齐读，读出节奏。	**巧设语言——以趣导入** 　　兴趣是最好的老师。因此，开课伊始教师就要能依据单元主题，紧扣单元语文要素，充分把握本单元语文教材特点，并结合学生的生活体验设置精彩的导语，激发学生浓厚的学习兴趣。而且整节课要以"兴趣"贯穿，形成导入有趣、导读有趣、积累有趣、推荐书目有趣的一整套激趣的环节，为本单元的教学做好铺垫 **整体感知——问题激趣** 　　对单元整体的感知有利于学生清楚单元学习的内容，把握单元重点。本单元以"艺术"为主题，四篇

续表

教学实例	案例解读
2. 现代人对艺术的钟爱 (1)浏览课文《月光曲》，找出盲姑娘对音乐钟爱的段落。 (2)指名朗读第三段和第九段。 (3)配乐齐读，读出对音乐的喜爱。 3. 中国传统艺术的魅力 (1)默读课文《京剧趣谈》，说说你对京剧有了哪些了解？ (2)指名读自己喜欢的部分。 四、日积月累，理解背诵 1. 读一读课本108页成语 要求：把这些成语读准确。 2. 小组讨论这些成语的意思，不会的可动手查资料。 3. 这些成语一般都会用在哪些地方 4. 从音乐、绘画、书法、文学方面把这些成语分类并填空 (1)音乐会上我听到了一首美妙的曲子，久久在空中回荡，真是(余音绕梁)。 (2)她的歌声真好听，真是(天籁之声)。 (3)雷珍民的书法非常的流畅，真是(行云流水)。 (4)小朋友画的鱼简直像活了一样，真是(栩栩如生)。 5. 你参加了高新国际学校的"博雅"艺术节，请你把看到的、听到的以及自己的感受分享给你的家人(用上其中一些成语) 五、推荐书目，激发兴趣 1. 激趣导入 我们的艺术长河源远流长，例如，汉代画像与社会生活、"丝路艺宫"敦煌、南宋绘画首都杭州、"墨苑画皇"黄公望、明代"吴门画派"的艺术生涯、晚明"松江画派"大家董其昌等。今天老师推荐大家读任道斌老师的《美术的故事》，让大家去感受艺术的盛典。	课文从音乐、书画和中国的传统艺术方面展示了艺术之美。教师以简练的问题驱动激趣，引导学生通过朗读文言文体会艺术之美；通过想象月光曲画面感受艺术之美；并结合生活感悟作者怎样塑造艺术之美，初步领悟艺术之精髓。同时，使学生明确单元重点就是要借助语言文字展开想象，体会艺术之美 **成语积累——趣谈使用** 　　语文学习要有积累，更要重视应用，这才是学习的归宿。因此，对于本单元课后的成语在调动学生理解意思的基础上，设计了根据语境填成语、介绍艺术活动的练习。这样，让学生对成语的理解更加深刻，并能学以致用，将单一的知识深入化、系统化、生活化，而且调动了学生的兴趣，真正培养了学生积累语言、运用语言的能力 **推荐书目——意犹未尽** 　　语文学习不能仅仅停留在课堂上，不管是课文本身的人文主题，还是在学习过程中激发学生探索兴趣的重要话题，都应该引起老师的关注并适时引导。本课在最后进行了书目推荐，在很大程度上是抓住了教育时机，扩大了课程格局，提

续表

教学实例	案例解读
2. 阅读提示 (1)此书共 10 章节,可以两天一个章节,用两周时间读完。 (2)分享形式: ①每日分享:每天读固定篇幅,在三分钟小讲和大课间与大家分享感兴趣的内容。 ②读书分享:读完整本书后利用读书分享课畅谈自己的收获	升了学生品味,扩展了学生视野,真正实现了语文教学的最大价值。

2. 以文带文课

"以文带文"是主题阅读的主打课型,指在一堂课里,在同一主题的引领下,抓住"最具阅读价值点",精读一篇文章,再略读、浏览一篇、两篇甚至多篇文章的课型,它最大的特点和优势是阅读量大,教学密度高,节奏快。"以文带文"课型一方面促使学生对该主题形成更全面深刻的个性化认识,加深理解,促进方法形成;另一方面扩充了学生阅读量,拓宽了学生视野,与《新课标》提倡的"培养学生广泛的阅读兴趣,扩大阅读面,增加阅读量"相符,因此是提高语文教学效益的主要手段。基本遵循教学精读篇目—引出略读篇目(学法、语言、情感迁移)—读写联动的教学流程。

例 3-2 四年级上册《桥之思》

教学实例	案例解读
一、谈话导入,了解目标 1. 这节课我们继续学习课文《桥之思》。通过上节课的学习,我们知道了课文围绕桥写了三个方面。先讲了桥的种类和功能,接着告诉我们桥能带给人们美的享受。最后还给我们介绍了一种特殊的桥。那就是无形的桥。是的,桥是路的连接和延伸。桥也是路	回顾课文内容,引导学生梳理课文条理,初步感知作者"由表及里"的思考层次,了解本节课将从探究桥之"美"、桥之"文化"、桥之"含义"三个维度感悟作者对桥的思考,明确带文指向为"无形的桥"的深刻含义

续表

教学实例	案例解读
2. 出示目标，学生了解 （1）通过有感情地朗读，体会桥的美及蕴含的文化。 （2）通过带文，理解"无形的桥"的深刻含义，能结合生活经历谈体会。 二、悟桥之美，读写迁移 1. 师生共读第一部分，感悟桥是路的连接和延伸，造型材质各有不同 2. 自读交流桥不同的美 （1）自读课文的第二部分，说说喜欢哪种桥及原因。 （2）根据学生回答小结不同类型桥的特点并进行板书：回旋别致、巍峨雄伟。 （3）及时点评读书方法：抓住文本学习文章。 （4）紧扣桥的特点，结合图片和资料，指导学生朗读，感受九曲桥的含蓄内敛和南浦大桥的现代化。 3. 发现特点，读写迁移 （1）师生问答读：在什么地方？环境怎么样？有一座怎样的桥，带给人怎样的感受？ 原来作者就是这样抓住桥的特点，用优美的语言展现出桥的美的。 （2）出示生活中桥的图片，生问师答，厘清作者的写作思路。 （3）我希望同学们不仅要有发现美的眼睛，而且要有表达美的能力。现在就请同学们用优美的语言来描述你所喜欢的一座桥，带给人们怎样的感受。 三、引桥之悟，延伸思考 到这里，我们已经感受到了桥之美，但是课文的题目叫作《桥之思》，作者到底在思什么？ （1）自读课文第三部分，思考无形的桥到底指什么？ （2）无形的桥是以尊重、谅解、关注和信任	**以读代讲——感受外形美** 　　课文第一部分和第二部分写的是现实中的桥，学生在朗读中调动已有认知就可以感受到桥的作用和外形之美。从师生共读引导学生进入情境后，以学生自读交流、点评读书方法培养学生收集信息的能力，通过观看图片、交流资料，既锻炼表达能力，又能以朗读来反馈阅读所得，尊重学生个性化的体验 **对读对答——迁移写法美** 　　《桥之思》的第二部分充分表现了桥之美，要体会美，还要发现这种美是如何写出的。这也便是新课标强调语文的语言运用功能。因此在个性化朗读后，教师以文本为例，用问答读的方式破解了作者语言表达的密码，引领学生品味文章的语言特点，又借助教师范写的语段让学生更加直观感受作者的写作思路和语言运用，这时再让学生合作、迁移练说，整个过程在读、说中进行，学生在自主探究中实现了语言运用能力的提升 **阅读带文——思考无形美** 　　"无形的桥"是本课的教学难点，几个词语，精练却不易引发学生情感共鸣。学生通过在"学习共同体"中自主合作学习两篇课文，将课文

续表

教学实例	案例解读
构筑而成，那么我们如何理解这座无形的桥？ 出示课文《斑羚飞渡》《给仇人一块面包》，小组选择一篇合作学习，独立阅读后交流：你读出文中有一座什么样的桥？ 交流感悟并反复引读：世界上…… (3)在你的学习和生活中还有没有这样无形的桥？无形的桥存在于我们身边，需要我们用心去感受。 (4)播放视频《大国外交》，你有什么感受？ (5)所有这些，就是世界上最值得珍视的桥。正如课文中说的一样，它们是以(教师引读)尊重…… 这就是桥带给作者的思考，那桥又给你带来了怎样的思考？ 四、回归整体，朗读提升 最后，让我们在音乐中感受桥带给我们的思考。(师)公桥的基本功能都是(生)沟通、交流，使没有路的地方有了路。(师)各种造型优美的桥，在给人方便的同时，(生)装点着乡村和城市，给人一种美的享受。(师)这样的桥越多、越普遍，(生)我们这个世界就越和谐、越美好	中孤立的几个词语扩充成几个人、几件事、几段情，有血有肉地触摸到词语的温度和背后的画面。 从动物到人物，学生从不同的视角整合认知、类比信息，与课文中的"无形"相印证，加深理解感悟，从而能顺利过渡，联系生活；视频的引入则将"无形"从人与人升华到国与国，进一步让学生开阔视野，拓宽思维。在此过程中不断与课文回环朗读印证，这座无形的桥便在学生心中丰满起来 **朗读归整——梳理留白** 《义务教育语文课程标准》(2011年版)指出：阅读是学生个性化的行为。经过一节课高密度高质量的阅读与讨论，学生对桥也有了自己的思考。此时回归课文，梳理重点句子进行朗读，再次感受课文的内在逻辑，也给学生的思考给予留白，用朗读来表达内心的感悟

3. 群文阅读课

群文阅读课是在单元主体课文学完之后，针对本单元的语文要素或某一难点，围绕一个或者多个议题选择一组文章，引导学生再采取自主、合作、探究的方式进行的阅读教学课。学生通过对多个文本的体验、思考、讨论来确立议题，实现阅读素养的提升。群文阅读课就是对单元语文要素或某一难点的进一步拓展和延伸，是有效提高学生阅读能力的课型。基本遵循阅读文本—聚焦议题—合作阅读—达成共识—读写联动的教学流程。

如五年级上册《慈母情深》，就以群文阅读课的形式呈现，围绕"抓住场景和细节描写落实本单元的语文要素"组织了《慈母情深》《母亲是根穿针线》《秋天的怀念》三篇文章进行学习。本节课双线并行，一是情感线，三篇文章均能体现出慈母情深这一主题；二是写法线，抓住场景和细节描写表达人物情感。

4. 读写联动课

读写联动是一种将阅读输入与写作输出紧密联系在一起的课型。读为基础，写为延伸，以读带写，以写促读，读中学写，相得益彰。读写联动可以发生在整个单元的阅读教学完成之后进行习作训练，也可以发生于阅读课中的小练笔。这种课型在阅读中汲取营养，找准联动点，运用于写作中，架起阅读与写作之间的桥梁。这样使习作言之有物、言之有法、言之有情、言之有话。这是一种能够真正有效联结读与写的课型。

例 3-3　五年级下册《_____让美丽成为永恒》

教学实例	案例解读
教学目标： 1. 通过自己亲身经历的一件事写出某个人物的美好品质 2. 运用肖像、语言、动作、心理、神态等细节凸显人物的个性 3. 叙事具体，详写能体现人物美好品质的地方 教学过程： 一、明确主题，指导选材 1. 出示主题，指导审题 本单元主题是"美丽人生"，今天，我们来写一写生活中的美。 板书： 让美丽成为永恒 审题：半命题　在事件中体现人的美好品质	本单元将北师大版小学语文第十册第四单元与第七单元进行结合重组。围绕两个单元主题"真诚"与"尊严"采用半命题形式，引导学生从多篇阅读文本中汲取习作养分，从文本走向现实，体会、抒写自己生活中的美好 **回顾梳理单元文本——整合资源优选材** 　　回顾教材及博融读本上的阅读篇目，通过梳理人物、事件和故事中展现出的人性之美，从整体着眼，概览单元文本，从而发现选材角度、素材资源，引发学生思考，激发其创造力

续表

教学实例	案例解读
2. 回顾这一单元中认识的具有美好品质的人物 3. 指导选材，进行梳理 (1)这次的习作是半命题作文，你认为还可以补充哪些词语？ 互动交往类(双方交流，重在一方)：真诚　信任　尊重　宽容　文明　理解　善良　感恩 个性展示类(大多描述一个人的行为，尽量不夸赞自己)：拼搏　无畏　自信　守信　坚强 (2)你想通过自己经历的哪件事来体现你的美好品质呢？ 通过(事件)体现(谁)的(品质) 小组交流，汇报与自己不一样的选材。 (3)教师引导：以小见大，抒发真情 二、读写迁移，方法点拨 1. 回顾文本，方法点拨 (1)通过自然(社会)环境的渲染来表现文章主题。 一日，天下着雨，是深秋的雨，淅淅沥沥下个不停。他当时已掏好一家酒楼的下水道，雨大，回不了家，就倚在酒楼的檐下躲雨，掏出了怀里的冷馒头吃。冷。他抱臂，转过脸，隔着酒楼玻璃的窗，望着里面蒸腾的热气和温暖。一些人悠闲地在吃饭。《一杯温开水》 (2)通过对人物细节描写刻画人物形象。 "那天夜里你没有问我毕业后去哪里，我也没有告诉你，我选择的是遥远的雪域高原。这里人迹罕至，十分寒冷。有一夜出去巡哨，看着月光下连绵起伏的雪峰，我忽然明白了为什么你在节目里说，'人的存在犹如电光石火'。"《礼物》	**双线归纳选材内核——对应写法作铺垫** 《义务教育语文课程标准》(2011年版)高段习作的阶段目标中明确指出要"珍视个人的独特感受"，习作须尊重学生内心的真实情感。梳理归纳选材就是将情感化为技法落于笔头的过程。按照外部事件与内在人物品质进行双线归纳，指导学生双线选材，解决写什么的问题。进一步明确选材内核：在事更在情，以小见大、抒发真情，有助于下一步选择对应的写法成文 **读写迁移言之有法——举一反三巧运用** 整合资源，合理运用。将单元阅读篇目进行筛选归总，挖掘极其丰富的习作学习资源。把通过观察体验获得的思想感情，外化为相应的文字符号，运用于自己的情感表达中，解决怎么写的问题。本课选取典型片段进行方法点拨，主要从刻画细节、对比衬托、人物交替、巧妙点题四个方面入手，给学生归法，进而选取合适的方法指导自己的习作

续表

教学实例	案例解读
（3）运用衬托手法凸显人物品质。 忽然间，我心里蒙上了一片阴影，莫非她是为了多要钱？ 鞋绱好了，我断定她会漫天要价的，谁知她只要六角钱，看来，她不是我想象中的那种人。《修鞋姑娘》 （4）自然抒发情感，巧妙点明主题，体现"美丽永恒"。 开在这记忆深处的花，历久弥新，永远艳丽、清晰，吸引着我，指引着我。《开在记忆深处的花》 2. 小组交流，说说能体现人物品质的细节片段，互提建议 3. 推荐汇报，师生互评 三、梳理思路，细化要求 1. 将题目补充完整 2. 通过自己亲身经历的一件事写出某个人物的美好品质，注意以小见大，抒发真情 3. 在事件中有对人物肖像、动作等细节描写 4. 按照一定顺序写事，叙事具体，观察与自己的心理活动相结合，突出人物美好品质 四、限时习作，生生互评 限时 30 分钟学生习作，生生互评，师巡视做相应的指导 五、交流展示，点评提升 指名读习作，师生共同评议	**得法用法限时习作——文本经验到创作** 　　从文本经验走向实践运用，把生活事件转化为文学创作。优化选材、明确写法后，学生开始构思章法组织语言，说一说最能体现人物品质的细节片段，小组成员交流互助、推荐汇报、评价建议。让学生在参与互动中进行实操，使经验方法得以真正运用，抒发真情实感，展现永恒之美。最后再次回归思路写法，限时完成课堂习作

5. 单元梳理课

单元梳理课是每学完一单元后必上的"温故而知新"课。"知新"就是在原有基础上的提高，也是查漏补缺、综合、提高的过程。单元梳理课是利用语文教材专题设置单元的特点，运用整体观念，在教学每单元之后，以单元主题为生长点或发散点所上的一节综合整理课，是能为课堂教学增加厚度的一种课型。

充分利用语文教材及"博融语文"整合设置的单元特点，引导学生感悟单元主题，整理出一条主题线。"走进经典"主题线是"以画面回忆古诗、以写法归类古诗、以情景运用古诗、以迁移改编古诗"的教学方法。

6. 阅读专项训练课

阅读专项训练课是以校本教材《阅读专项训练》为依托，强化阅读方法的一种课型。校本教材《阅读专项训练》为学生提供了又一个阅读的天地。这本书并不仅仅是单纯的阅读，还有针对不同年段的阅读训练题。阅读专项训练课以"一拖一高效阅读法"为载体，引导学生掌握一定的阅读方法，让学生高效完成阅读训练，提高学生的阅读能力。

在一个单元的阅读专项训练课中，要进行两篇文章的阅读，首先我们要选定哪篇文章为主体训练篇目，哪篇文章为拖带篇目，然后根据两篇文章重难点，筛选、整合，最终确定本课的教学重难点及训练点，接着研讨解决重难点的方法及措施。在具体环节上可以是：回顾阅读方法，巩固已有知识——整体感知，梳理文章内容——"靶向"练习，学法指导直击训练点——"以一拖一"，巩固学法。

三、"博融语文"教学法的反思

高新全人教育理念引领下的"博融语文"教学法形成了核心素养指向、主题整合课程群、九大语文教学课型、五环节大单元教学等成果，学生们在博融阅读、博融作文、微讲台、博融人文节等独具特色的活动中尽情绽放，语文的人文意蕴真正成为滋润孩子们心灵的精神养料。但具有校本特征的教学法，只有在学校与教师的不断自省中才能保持前进的姿态，对"博融语文"的反思从来不曾停止。

总的来说，要明确"博融语文"指向为孩子一生良好发展奠基的目标，要坚持整体性、灵活性的原则，以自主构建促进学生与文本、社会、自然、自我的自觉对话，实现终身发展，以多维评价从根本上提高学生阅读学习的能力，促进真正的语文素养的提升。

与此同时，也要明晰"博融语文"的实践难点，找到优化的起点。从这个层面上来说，选文阶段的精准度提升、实施阶段的灵活度提升、评价阶段的完善度提升都是不断努力的方向。

第四章 高新全人教育的课程

高新全人课程作为高新少年成长发展的主跑道，是紧扣全人教育理念，指向"高新"素养提升，体现学校最新教研成果的课程体系。通过"博雅融通人文艺术"学科群课程与"格物致知科学研创"学科群课程两大支柱，统领各个学科课程规划发展，促进学生精神、理智、情感（审美）和身体（身心健康）四类素养的全面提升，让学生成长为拥有"高修养、新视野""高技能、新思维""高审美、新情趣""高意志、新气质"的博雅少年。

第一节　学校的课程价值定位

一、高新全人课程是立足"全人"理念的课程

"全人"教育理念源自对人本主义教育思想以及进步主义教育思想的综合理解与深刻挖掘，人本主义教育思想的核心是"以人性为本位"，强调教育的目的是人的自我实现、完善人格的形成，以及人的潜能的充分发展。进步主义教育思想主张"教育及生活""学校及社会"和"在做中学"，倡导教育既要注重儿童个性的自由发展，又要为社会培养有责任感的公民。结合人本主义教育思想，进步主义教育以促进学生形成完善的人格为最高使命，同时为国家和社会培养个性突出、自主发展、有社会责任感的公民。

"全人"理念强调具有健全人格的人，不仅掌握渊博的知识，而且具有独立判断和独特个性的人；教育的目的不是传授已有的知识，而是要把人的创造力诱导出来，将生命感、价值感等人格要素激活。我校提出培养学生的健全人格，包括四个方面的内涵：一是在掌握知识、文理兼修的基础上提高学生对自我、他我和群我的认知，提升学生的精神修养水平，成为受人尊重的有社会责任感的人；二是在知识综合性学习应用的基础上提升思维品质，在对自我和世界客观认识的基础上扩展认知的深度和广度，成为更理性和更智慧的人；三是通过自我认知和世界认知，发现自我的价值和世界的美，提高审美水平和生活情趣，成为能自主成就自我和创造美好生活的人；四是通过自我塑造、磨炼意志、学会合作，成为身体健美、毅力坚强、自我突破和追求价值的人。

在紧紧围绕"全人"教育理念所坚守培养目标的基础上，有必要具

体阐释"全人"教育理念下的课程观。概括来说,"全人"教育理念下的课程观认为知识的获取不仅仅局限于课堂,还包括课堂之外的地方,其课程内容面向生活来选取素材。就本书首章给出的定义:课程就是每一个学生通过感受、观察、思考和参与所体验到的学校生活的总和。全人教育对课程的定义首先主张不同学科之间要建立广泛的联系,相互补充,相互融合;其次课程要在课堂与外部世界间建立联系,教师要因地制宜,自己动手设计课程,而且学生本人也要尽可能参与到课程设计中去。

全人教育把课程即教学内容视为生成的、建构的、动态的,而不是预设的、制定的,学习者与课程之间不是二元对立的关系,而是共同创造、共同演化的关系。基于这种课程观与高新全人教育整体培养目标,得出课程目标的两大指向分别是促进人的发展,包括人的精神发展和心理发展两项;促进社会变革,鼓励学生投入到社会活动中去,服务于社会。

为培养在精神、理智、情感和身体四个方面都力求完善的高新少年,西安高新国际学校基于办学理念和核心素养,建构出整体性、结构化、实践性的"高新全人课程"体系,并分阶段、分步骤地科学推进。

二、高新全人课程是指向"高新"素养的课程

"高新"素养是高新全人课程的努力方向与理想标杆,内涵人本主义教育思想与进步主义教育思想的理论精义与方向指引。学校主张通过整体性、实践性、生活与社会化的学校教育,促使学生在精神、理智、情感、身体四个方面得到均衡、和谐的发展,力求以丰富人的思想、发展人的思维、突出人的个性、满足人的多元化需要、实现人的自我成就为使命,以"更高、更新"为动力,培养具有健全人格、展现生命价值、实现自我成就的高新学子。具体来说我校学生的核心素养为:在精神、理智、情感和身体四个方面的"四高、四新",即"高修

养、新视野""高技能、新思维""高审美、新情趣""高意志、新气质"。高新少年的高素养就是要高于一般标准和平均程度,新素养就是在各个领域所展现的精神境界、思维方式、审美情趣和身心健康等优于其他人。

因此,我校传承和发展人本主义的"整合性""通识性""文雅性"课程观,设计开发出"博雅融通人文艺术"学科群课程,在此大类课程中,我校挖掘古都西安和中华文明深厚的历史文化,整合东西方异域历史文脉,形成"古今相通、中外相通、纵横交错"的人文艺术系列课程;同时,我校传承和发展进步主义的"实践性""探究性""科学性"课程观,设计开发出"格物致知科学研创"学科群课程,在此大类课程中,我校整合拓展了 STEAM 课程,研发出跨学科的科学探究综合课程,形成了"学科交叉、学做并举、探究研创"的科技实创系列课程。在这两大学科群课程中,又分解为四个学科领域课程,每个学科领域对应精神、理智、情感(审美)和身体(身心健康)四类素养。"博雅融通人文艺术"和"格物致知科学研创"课程真正意义上打通时空维度、国界跨度、文理融合度,使高新少年都成为"站在西安,面向国际""扎根中华,博览全球""人文深厚,科技精尖"的博雅少年。

设置课程的最终目的在于让学生拥有特定的素养,课程为核心素养的形成服务。"高新全人课程"借助学校的标识"人"字的形象结构作为构架的载体,设计形成了由内向外的层级关系的"高新全人课程"体系结构图。

第二节 学校的课程结构体系

学校在全人教育理念与高新核心素养的指导下,全力构建层层递进的四级课程结构体系,即在国家规定的基础课程之上开展校本拓展课程、面向学生兴趣的选择课程以及学科领域大整合的综合课程,又称作主旋律课程。

一、基于国家课程、地方课程的校本拓展课程

为了适应我校学生整体高端而创新发展的需求，我校的拓展性课程是在国家课程、地方课程的基础上开设的课程，以完善学生的认知结构、发展学生的思维和提高学生自我规划为宗旨，着眼于培养、激发学生的学习兴趣，拓展学生知识、发展其潜在能力，是具有一定开放性的课程。

我校的拓展性课程围绕四大学习领域开设了博融阅读、影视与名著、创新与传承、行知体验、全人大讲堂、生涯教育、智维数学、结构与搭建等二十多种。其中，影视与名著、创新与传承是以语文学科为主导的学科内小整合课程。两门整合课程均是依托学校课程文化和本土传统文化资源优势，选准主题，一线串联，形成有梯度、螺旋式上升的年级拓展课程体系。

案例

影视与名著整合课程：以北师大版语文教材单元主题为基点，推荐名著阅读，鉴赏经典影片。譬如，五年级"马"、六年级"战争"主题单元，以电影《战马》和《战争与和平》名著为索引，挖掘影视艺术中的语文因素，激发学生观看《战马》和阅读《战争与和平》的兴趣，设计听说读写训练和综合实践活动，引导学生从语言文学的角度欣赏影视名作，培养艺术欣赏能力，提高语文综合素养。

创新与传承整合课程：面对历史厚重与经济活力并发的西安，我校立足传承，创新课程特色，让本土文化在课程中生辉。依托本土的传统文化资源优势，即皮影戏、华阴老腔、剪纸、秦腔等艺术形式，通过学科渗透和整合，传承中融入时代元素，赋予新的课程内容，即"八大怪与童谣""剪纸与童话创作""皮影戏与动漫""秦腔与交响乐的碰撞"等。传统的文化艺术与现代文化艺术交织碰撞，既是对传统文化的继承，又为学生提供了创新的平台。

拓展课程是每个学生必须修习的课程，强调全体参与但是没有固定的课时，在实施策略上我们将其与基础性课程有机融合，充分体现在基础性课程的教学内容中，以丰富学生基础性课程的学习内容与学习途径，也是对国家课程的补充与提升。

二、基于学生兴趣特长的选择课程

"让学生学会选择"是课程的重要目标之一。这就要求我们除了开齐、开好基础性课程，还要让学生有机会参加自己感兴趣的科目和领域的学习和活动，及早了解自身的特长和潜能，为自己的终身学习和发展打下良好的基础。我校的选择性课程是在基础性课程、拓展性课程的基础上从多个维度进行延展，让学生开阔视野，加深对事物的认识，包括知识和思维的、审美和判断的提升以及生活经验的积累等，这些方面的内容都是以学生的兴趣为出发点，进一步延展基础性课程和拓展性课程，以提升学生的学习品质、生活情趣和生活品质为归宿。

我校选择课程涵盖语文、英语、音乐、美术、体育与健康、数学、STEAM等九大类111门课程。上课时间安排在国家课程规定的六节课之后。我们把它又分成两类，一类是分学段的课程，另一类是以项目分类的课程。项目分类的课程我们以社团的形式组织开展教学和展示活动。课程内容非常丰富，一部分是根据学生的年龄特点设置的，另一部分是根据学生特长持续发展进行分层设置的，覆盖全校学生。选择性课程在我校得到了稳步的发展，它与基础性课程、拓展性课程相得益彰，逐渐走向成熟，打破校内与校外的界限，突破时间与空间的束缚，形式多样，内容丰富，为学生健全的人格打好坚实的基础。

三、基于学科领域大整合的综合课程

综合性课程是课程发展的最高阶段，是对基础课程、拓展课程和选择课程学生学习效果的展示与评价。它主要采用自我探究、自我参与和自我展示的方式，让学生充分彰显自信和个性，分享习得的成就，从而完善人格品质。

我校的综合课程是以两大主旋律课程为统领，即博雅融通人文艺术课程和格物致知科学研创课程；又以五大节日课程为呈现方式，即"博融人文节""博雅艺术节""博健体育节""博创科技节""博智数学节"，在节日活动中充分满足学生的需求，彰显其个人风采，促进其完整人格的发展。

（一）博雅融通人文艺术课程

古希腊倡导博雅教育，旨在培养具有广博知识和优雅气质的人。在现代社会中，博雅教育被认为是通过几种基本知识和技能，培养一种身心全面发展的理想的人格，或者说发展一种丰富的健康的人性。

博雅融通人文艺术课程涵盖三大节日，即"博融人文节""博雅艺术节""博健体育节"。三大节日节节有特色、有亮点，年年有创新、有侧重。"我是小小朗读者""英语风采展""我的实践活动与报告分享""今夏，不说再见"等节日活动，增加文化底蕴、丰富学生精神，为"博融人文节"书写厚重的一笔；新年艺术季之"四季如歌""生命，在一抹翠绿中""初心育未来，奏响新乐章"等节日活动，陶冶性情，培养审美，使艺术之星脱颖而出，为"博雅艺术节"着一抹新绿；"校园自编操""三跳运动会""趣味田径运动会"等体育节日，强健体魄，培养合作，为"博健体育节"注入生命的活力。

(二) 格物致知科学研创课程

所谓"格物致知"是指推究事物的原理，从而获得智慧与感悟。《礼记·大学》里说"致知在格物"，即从探察物体而得到知识，也就是我们所谓的实验。

格物致知科学研创课程涵盖两大节日，即"博创科技节""博智数学节"。两大节日将科学、技术、工程、数学、人文等有机地融整为一体，为学生提供了思维飞扬、创意无限的空间。"博创科技节"主要是 STEAM 课程成果的展示，其核心要义是汇集、展示、发布学生科创课程全过程及创新成果，将好奇心转化为持久的学习动力。一年一度的"博创科技节"，以三个阶段五大板块为推进策略，汇聚国际娃的想象力和创造力。三个阶段，即"开幕——普惠科学知识"阶段、"创新——科技融入理想"阶段、"放飞——明日奇思妙想"阶段。五大板块，即"我是创客""技能挑战""科普大使""身临其境""玩创发布"。"博创科技节"的整体推进又是以成果模型、实物展示、互动体验、项目发布，以及玩创科技竞技等形式表现科技内涵，使学生在参与中认识科学，在互动中了解科学，在体验中感受科学，在创意发布中走进科学。"博智数学节"则是以"趣"激发学生参与；以"玩"发展学生思维，开发了"与数字牵手""在智力空间游戏""智维时空"等趣味十足的数学思维活动，极大地激发学生运用数学解决实际问题的兴趣，培养探索精神、应用意识和实践能力。

综合课程之两大主旋律课程将基础课程、拓展课程和选择课程的点状课程立体化、系统化、综合化，形成一个有活力、有联系、融多门学科为一体的跨界整合课程，彰显我校"高新全人"课程的全员化、新颖化和高明化特色。

博雅融通让高新学子的精神、情感、身体高度统一、融为一体；格物致知赋予高新少年以创造性思维，打开智慧的天窗，使人格全面发展。系统性的课程架构，是高新全人教育的再次升华，也是"四高四新"核心素养落地生根的一条高新之路。

第三节　基于四大学习领域的课程建设

"高新全人课程"通过对学科核心知识、关键能力的梳理和统整，学校实施的整体课程分为品德与人文、科技与数学、艺术与审美、体育与健康四大领域，从基础课程、拓展课程、选择课程、综合课程四个维度，落实"高·新核心素养"，共同培养具有健全人格的高德学、新智慧的高新少年。形成横向递进成序，自然生成课程成果；纵向模块成列，发展学生核心素养的课程结构。

一、"品德与人文领域"——塑造高新少年的精神品质

人本主义强调应发展"人之所以为人"在精神和思想上的特质，即丰富的精神内涵、广博深邃的思想和尊贵的心灵。对人的精神和思想产生持久影响的就是哲学、史学和文学等认知领域，并通过长期的学习和内化，转化为人的观念、想法、态度、习性和气质。我校通过"品德"与"人文"课程来塑造高新少年的精神和思想，四类课程在遵循儿童身心发展的规律的基础上，依托学生的现实生活，以人文积淀和人文情怀为基本要点，形成学生优良的道德品质、积极的情感态度，以及规范的行为习惯。

案例 1

诚信教育

第一步：营造一个氛围，让诚信理念深入人心

为了培养学生诚信的好品质，学校投入资金建成"爱心自助超市"。

超市四周张贴着古今中外的关于"诚信"的名言警句，让每一面墙壁都成为育人的资源，让走进超市的每位学生都能自觉投币，自助购买所需用品，诚信的良好品质如春雨滋润着每个孩子的心田。"爱心自助超市"成为熏陶、激励、引领学生健康幸福成长的基地。

附：

<h3 style="text-align:center">导购说明</h3>

同学们，欢迎你们来到"爱心自助超市"，走进属于我们自己的购物天地。

瞧！这里，没有收营员，只有投币箱；这里，没有讨价还价的喧闹，只有安静公平的买卖；这里，没有欺骗投机，只有诚信守则。

来到这里，你要学会照价投币，自己找零；将"诚信"进行到底；你还要学会选购物品，自己做主，将"坚持"进行到底。你买走的是物品，留下的却是诚信！

让我们在"爱心自助"这个小天地里传递诚信，奉献爱心！

第二步：进行一次教育，将诚信进行到底

为了规范学生的行为，让每个孩子明白"爱心自助超市"成立的意义，在周一升旗仪式上，学生中心主任在国旗下进行了一次深入的倡议演讲。

附：国旗下演讲

<h3 style="text-align:center">"爱心自助超市"开业后的诚信教育</h3>

自昨日"爱心自助超市"开业以来，发现一些不良的现象，购物不投币，或者是投币钱数不足，浑水摸鱼，蒙混过关等。今天我们在早读前进行教育与讨论。

开办、投资建立"爱心自助超市"的目的，一是希望同学们都能够成为一个讲诚信的人，在没有售货员的情况下依然能够诚实守信、自觉投币；二是为同学们提供方便，在大家缺少文具的时候能够就近买到既便宜又实用的学习用品；三是培养同学们的理财能力，让部分同学参与超市的管理和结算工作。

为了加强超市的管理，培养同学们诚信做人的品质，请大家自觉做到以下几点。

1. 一次进入超市人数不超过 10 个人，待 10 个人购物结束，离开超市，管理同学再安排第二拨人进入。

2. 选好物品，看清标价，然后自觉投币，自己找零。如果找不开，请放弃购物。

3. 超市摆放的书籍不对外销售，只是便于同学们阅读，看完书后，请放回原处，摆放整齐。

4. 如果你的文具物品没有坏损、丢失或者急需，请不要来超市购物，要冷静消费，不要盲目。

5. 来超市购物时间段的规定：上午大课间时间，中午饭后，其他课间时间及体育课不能购物。如有违反，将受到严肃处理。

同学们，诚信是做人之本。希望每位同学来到超市买走的是物品，留下的是诚信！让我们以此为契机将"诚信"进行到底；让我们在"爱心自助"这个小天地里传递诚信，奉献爱心。

第三步：掀起讨论热点，形成诚信教育共识

小学生良好品质的形成，必须是良好的学校教育和家庭教育密切配合的结果。然而，当前常常会出现"学校辛辛苦苦教育五天，回家两天又还原"的现象。部分家庭教育没有成为学校教育的延伸和补充。为此，我们在德育评价手册"礼韵飘香"中设计了关于诚信的阶段性目标，与家庭督查相结合，将诚信教育落实在每天、每个细节上。经过家校合力，诚信走进了千家万户，这无不说明此次环境育人成效显著。《西安晚报》对我校"诚信"教育的范例进行了深入报道，得到了社会各界的认同。

附：

"诚信超市"教小学生守诚信

开业首日亏损 55.2 元，随后两天各亏损 1.5 元，4 日后零亏损。

自动笔、圆规、水彩笔、直尺等学习用具整齐有序地陈列在学校小"超市"货架上，没有收银员，前来购物的小学生都凭自觉往投币箱中投钱。这是记者在西安高新国际学校"爱心自助超市"看到的真实一幕。该校开办的这个超市，如今已成为对学生进行诚信教育的"诚信超市"。

小学生当"管家" 开业首日赔了 55.2 元

在西安高新国际学校"爱心自助超市"，花形阅读桌椅、心形便签都非常富有童趣，柜台上整齐地摆放着自动笔、水彩笔、直尺等小商品，每个商品前都有一个心形便签标明了价格，价格从一两元到十多元不等，旁边书架上还摆放着各类科普图书，供学生在超市内阅读。

"在这里，你要学会照价投币、自选物品；买走的是学习用具，留下的却是诚信""你是个自觉的孩子，阅读完请把我放回原位"。记者看到，这是"爱心自助超市"的导购说明和温馨的提示语，也是在提醒每位同学要自觉遵守超市的诚信守则。

记者采访时，正值早上大课间休息时间，超市可以"营业"，只见进来的学生有挑笔的，有挑小本子的，每个人选购完后都会自觉地把钱投放到一个红色心形的投币箱中。"这个小超市开业第一天亏损 55.2 元，第二、第三天亏损额减少到 1.5 元，到第四天就没有任何亏损了。一方面是我们的管理加强了，另一方面是孩子们诚信意识提高的体现。"高新国际学校德育主任这样说。

据介绍，"爱心自助超市"是该校德育工作的一个尝试，由学校后勤处批发学习用具，再以同样价格卖给学生，不盈利，超市设置了一个投币箱取代营业员，由学生照价自动投币，旨在锻炼孩子自觉性及责任意识，对学生进行诚信教育。

小鬼当家点子多　"会诊"超市管理疑难杂症

该超市每周有三位小"管家"作为周管理员，一个登记货品、一个摆货、一个监督购物并最终盘点钱。课间进超市的人很多，对担任超市管理员的学生挑战不小，角色的转换也让管理员们费了不少心思。记者在超市见到了忙得不亦乐乎的周管理员聂依泓、李思雨与梁奕涵，他们不仅经验丰富，而且团队意识也极强。聂依泓边讲分工，边说起了新点子。"学校进货周期是一个礼拜，有些用具在每周开业头一天就被抢光了，可如果进货太多，又不好管理，我们在考虑能不能也限购呢？"聂依泓歪着脑袋琢磨着把他们的想法说给老师。

据老师和同学们说，这些小小管理员对超市的"工作"可上心了，经常放学后盘完货还不回家，一起讨论怎么加强管理。五年级的宋语嫣当了一天管理员后就向老师反映，投币箱放在货架旁不合适，应移到超市门口，便于监管。对于学生提到的中肯建议，老师也立即采纳了。记者在一份"爱心自助超市每日对账表"上看到，货品名称、单价、原数量、卖出数量、核对人姓名、备注等栏目写得工工整整。看来，学生管理员对超市的这份"工作"丝毫不懈怠。

学校倡导专家支持　用实践对孩子进行诚信教育

据介绍，该校的"爱心自助超市"4月16日开业，每周营业2～3天，每天营业时间为上午大课间休息30分钟、中午放学后30分钟；由值周班派3名管理员负责上午摆货、登记，营业期间监管管理，以及停业后盘货、登记、收钱，合作管理超市。尽管是学校掏钱进的货，但学生们要将超市的所有收入捐给学校帮扶的农村孩子。

"超市的东西很便宜，方便了我们购物，还培养了我们的自觉性，让大家讲诚信，还能体验大人的工作，我觉得挺好。"学生梁奕涵说话时像个小大人。据了解，在超市开业前，该校曾组织各班老师给学生讲解诚信案例，为活动做了铺垫。

西安市教育专家协会会长赵仲君认为，任何时候，学校都应重视德育,而诚信教育需要通过各类实践落实。"爱心自助超市"的做法旨在了解孩子诚信教育情况,有针对性地加强诚信教育,是对德育的很好探索。超市从开业首日亏损55.2元到4日后的零亏损,就是孩子从不理解到理解的自我认识提高过程,也体现了诚信教育潜移默化的作用。同时,该方式还有助于孩子认识社会,开拓学校德育新思路。

(记者 张娜 见习记者 刘栋 实习生 赵晖)

"诚信"教育只是人格教育中的一方面,在整个教育的实施初始阶段,个别学生会有答应了做不到,甚至反反复复的现象。这时,我们特别注意给学生留出能守住"诚信"的时间,还留出了守不住"诚信"的退路,毕竟他们是孩子,不会一下子完全彻底地做到"诚信"。所以我们的教育工作者一定要有足够的耐心和信心,不要轻言放弃。

对学生的教育就是这样,不允许的事,一开始就不允许,这对学生就没有什么痛苦。要划定范围,建立"可、否"的观念,并要求学生遵守规定,这对学生的成长非常重要——在克制着不做某些事的过程中,培养的是通向成功的一个重要品质——自制力。

在生活中真正促使一个人去克服困难,完成伟大而有益的事情的,就是他内心良好的人格品质。

案例 2

日常活动中的全人格教育

1. 学生讲座

在五、六年级全体学生中,开展以"我是快乐男生""我是快乐女生"为主题的青春期知识培训讲座。在讲座筹备前,学生发展指导中心的老师事先对五、六年级学生进行访问调查,了解本校青春期孩子的困惑和关心的问题,从而确定讲座的主题、资料收集等。青春期知识培训讲座是从什么是青春期、青春期身体和心理一系列的变化、异性间的好感是如何产生的、如何正确处理异性间的交往，以及青春期如何保护自己、怎样做好青春期的自我保健等几方面展开讲解。这类讲座向五、六年级的全体学生普及青春期生理心理卫生知识，增强学生们的青春期自我保健和保护意识，促进学生身心健康成长，促进他们提高心理素质，培养健全的人格。

2. 教师讲座

学校定期会开展教师心理健康知识讲座，帮助教师调整情绪和状态。学生发展指导中心面向全体教师开展"用生命温暖生命"为主题的专题讲座，讲座从提出问题"你如何理解生命"引发教师的思考，每个人对于生命都有自己的理解，但生命基本的意义在于繁衍、传承和记录。从身份定位这个角度引发各位教师的思考，教师的角色是多样的，不同的角色需要不同的行为模式和情绪表达。作为一名教师，不仅要做好教育教学工作，而且要处理好工作与家庭的关系，自己与父母的关系，教育学生与教育子女的关系等，尤其是亲密关系的相处。作为教师，在教育教学中，应该关注什么，怎样去关注学生，如何处理自己的情绪问题。教师专题讲座给工作中的各位教师给予了心灵上的帮助和方法上的指导。做一个有温度的教育者，用生命温暖生命，这是教师们最多的感受。

3. 心灵晨语

为使心理健康和人格教育更好地结合，学校以图文的形式，借助文字的力量，每星期为每个年级制作一组"心灵晨语"，在早读时间播放，让每个孩子在清晨都收到积极正向的引导和暗示，迎接一天愉快而充实的学习生活。

4. 心理健康周

每学期第 15 周是学校的心理健康周，5 月 25 日是心理健康日，"525"就是我爱我，通过心理健康周的宣传活动，为学生们搭建一个悦纳自己、快乐成长的平台。在心理健康周各班黑板报的主题定为"我心中的自己"，让孩子们描绘心中的自己，了解自己爱自己。

5. 心理信箱

学校在四、五、六年级各设一个心理信箱，方便遇到问题羞于与教师直接面对面交谈的学生敞开心扉，向教师倾诉自己的喜怒哀乐。教师们定期开箱取信，从信件中可以了解学生的心理状况，根据不同情况对学生进行辅导解答。并且对学生普遍的困惑通过心理健康课堂上的交流，争取让学生得到满意的咨询答复。

6. 沙盘团辅

团体沙盘游戏是让孩子们在一个共同的沙箱中进行沙盘的创建，创建的过程要遵循一定的准则，不允许有任何言语或非言语的交流和互动。小学阶段的团体沙盘以团体动力为基础，旨在沙盘游戏的过程中培养学生的集体意识和团队合作意识，另外培养学生感受他人感受的能力，即心理学所说的同理心或共情的能力。我们设定一个团体沙盘游戏小组人数为4~8人，每周进行一次，一次时间约1小时，共进行5~6次。目前由7名孩子组成的沙盘A小组已经进行了1次团体沙盘游戏，通过第一次沙盘游戏，学生已经能产生合作的意识，学生的个性特征和应对方式在沙盘中也有所展现，后续的团体沙盘活动会侧重于培养他们的合作意识和站在别人的角度思考问题的能力。在A组进行的同时，成立人数为4~5人的B组，在小团体范围内观察学生的表现情况，据此有针对性地促进学生的成长发展。

二、"艺术与审美领域"——塑造高新少年的情感品质

艺术教育是通过音乐、美术、文学艺术提高人对美的感受和理解，对美的表现和创造，是通过看得见的物，传递看不见的韵，再以看不见的韵，激发看不见的情，最后生成看得见、听得见的旋律、图形、色彩和行为。高新国际的艺术教育，融合了有形的艺术课堂和无形的

艺术氛围，以音乐、美术的基础性课程为主体，配合多元化、综合型、自选性的拓展课程、选择课程和综合课程，通过有形的美育课堂和物化影响实现对学生欣赏美、发现美、表达美、创造美的无形的审美能力和艺术情趣的全面提升。

托尔斯泰说："在自己心里唤起一种曾经一度体验过的情感，在唤起这种情感之后，用富于动作、线条、色彩的语言所表达的形象来传达出这种情感，使别人也能体验到同样的情感，这就是艺术活动。"故此，艺术活动是一种情感教育，它能培养和提高人的情感体验能力，让生活变得五彩斑斓。

在学校日常生活中渗透艺术教育，可以更好地提高学生艺术素养，丰富校园生活，张扬学生个性，促进全体学生健康而有差异地发展，关注学生的校园生活质量，引导学生快乐生活。

西安高新国际学校始终把创建学校特色作为战略目标，进行了深入研究、探索与实践，形成了以人为本，为学生终身发展负责的"全人教育"特色，构建了"三化一体"，即社团专业化、课程校本化、参与全员化、国际与民族融为一体的艺术教育模式，取得了显著的成效。

学校的艺术活动精彩纷呈，让每一个孩子从中都能自由汲取成长的养分，激扬生命、快乐生活，把艺术教育的落脚点放在丰富人的生命世界、促进人的持续发展的高度上，扎实践行"高新全人"教育理念，全面推进素质教育。

（一）构建艺术教育组织网络

学校通过组建艺术教育领导网络，即校长主抓、艺体中心具体负责，活动课程领导小组和指导教师具体实施，形成"普及→提高→特色"三级管理体系，并做到"五有""四定""三落实"——为艺术审美教育提供了组织保证。学校着力从建设校园文化、改善艺教设施入手，投入财力与物力，积极进行艺术教育的实践与研究，大力营造艺术教育氛围。如围绕全人教育理念，形成了系列文化——走进童话、走进自然、走进科学、走进艺术、走近名人、生命教育六个方面的内容。学校为民乐团、管乐团购置乐器，为舞蹈团、合唱团、腰鼓团等艺术社团添置服装。另外，学校还聘请专业教师给学生进行艺术指导，提升学生专业素养，保证艺术教育正常开展，从而进一步促进艺术教育水平的整体提高。学校以业务精、技能强、学历高、师德好为目标，着力建设一支爱岗博学、有国际视野的教师队伍，在加强艺术教师队伍建设中开展了一系列的活动。一是请进来。聘请西安音乐学院资深教授、陕西演艺集团专业演员来校对教师进行专业指导。二是送出去。每学期派教师到北京、上海等地进修学习。每月进行考核，各中心主任及时了解艺教信息，与教师们共同研讨教学、社团、艺术活动中出现的新问题，做到及时反馈、合理采纳、立即落实，极大地调动了艺术教师的工作积极性，进而保证了艺术审美教育的教学质量。

（二）挖掘艺术课程多元魅力

1. 扎实根基，开好艺术基础课程

在艺术类课程设置上，开足、开齐、开好艺术课。为了从小培养学生艺术欣赏水平，杜绝"技能化"现象，学校投入资金，建成美学馆、民间艺术馆、民乐馆、管乐馆、陶艺馆、书画馆、厨艺馆、国学馆八大场馆。场馆的落成，为学生充分提供了更为广阔的学习艺术的空间。艺术欣赏课，学生在教师的带领下，来到场馆，认识民族乐器、感受西洋乐器、领略中国书法与国画的博大精深，亲近"非遗文化"——剪纸的瑰丽，在聆听中、触摸中、比较中体悟艺术内涵，开阔艺术视野，鉴赏能力、审美情趣在潜移默化中得到提升。

2. 创新社团，全员参与全面渗透

根据学生的不同特点，我校狠抓各种兴趣特长的培养，形成了校级、年级两级艺术社团模式。每周二下午，全校学生全员参与丰富多彩的社团活动，既抓数量又重质量，既抓普及又重提高。

全校性的社团活动分为两个级别，即青青草校级社团和绿丫年级社团。青青草校级社团有十大类，即合唱团、舞蹈团、腰鼓团、音乐剧团、京剧团、印巴热舞团、啦啦操团、管乐团、民乐团、中国鼓乐团。十大校级社团采用校内、校外专业老师相结合的授课方式，使我校的艺术教育走在专业化发展的道路上。

绿丫年级社团则是以"体验生活、品味生活、扮靓生活、健康生活"为主题，以"礼、信、艺、健"教育为主线，根据各年级段学生年龄特点开设了近六十个类别的社团活动，即童心舞动秧歌、绳操、小小芭蕾、小小涂鸦社、茶礼茶韵等。年级社团采用"走班制"教学，教师根据自身辅导能力和学生的兴趣特点，确定活动内容，坚持训练。

学校开展的社团活动，形成了人人有特长，班班有特色的局面，学生的艺术素养、思维能力、生活技能、创新能力都得到了提高。

(三) 构建节日文化体系

课外艺术教育活动为学生身心愉悦、个性特长的发展创造条件。因此，课外艺术活动是学校实施艺术教育重要的补充和延伸。

1. 校内展风采

学校结合"为每个学生提供适合的教育"的核心价值观，以校园主题节日为载体开展一系列的艺术活动，形成艺术活动系列化体系。四月话剧节，六月艺术节，十月"青青草杯"校园童声节，十二月"绿之韵"青青草乐团音乐节。系列艺术节活动充分展现了学生的艺术才华和艺术个性，全方位地展示了学校艺术教育的成果。

2. 校外扬美名

近年来，我校青青草艺术社团在全国各级部门组织的艺术教育成果评选以及展示活动中，屡获大奖。学校也组织各艺术社团远赴新加坡、日本、奥地利等国进行交流演出，取得圆满成功，此举也赢得了社会上的广泛赞誉和一致好评。

(四)注重特色与传统

1. 立足世界,创新特色,让民族艺术闪光

"只有民族的才是世界的。"2012年3月31日,国粹京剧走进校园授牌暨启动仪式在我校隆重举行。之后学校成立了京剧社团,聘请陕西省京剧院著名演员、陕西省剧协副主席、京剧程派传人、国家一级演员赵冬红为专业教师,为二、三年级喜爱京剧的孩子们授课,每周两次。同年6月,中央电视台戏曲频道导演组来我校进行京剧采风,京剧社团的孩子们表演了《铡美案》《林海雪原》《小铁梅》中的选段,博得了导演组的夸赞,并于6月29日在中央电视台11频道戏曲采风节目中播出。

学校不仅让京剧唱腔进社团,而且将京剧知识进行全校性的普及。创新德育评价激励制度,将京剧行当"生""旦""净""末""丑"的人物形象做成激励卡,以"京剧卡"为激励手段,实施多元化、多角度的激励性评价,让学生体验到成功的愉悦的同时了解了国粹艺术的相关知识,从而促进学生全面发展。

2. 立足传承,夯实基础,让本土文化生辉

学校从传统本土文化出发,借助外力,夯实基础,对腰鼓特色进行挖掘、整理、提升,让它重放光彩。与科研课题研究相促进,学校积极筹备申报国家级课题"安塞腰鼓校园运用价值的研究",并结合学校的艺术特色开展研究,在腰鼓表演形式和内涵上加以挖掘。百人腰鼓社团成立后,学校组织丰富多彩的活动,师生走出校园,走进社区,走进手拉手学校,将腰鼓技艺传授他人,与兄弟学校切磋技艺,交流经验,让更多的人关注腰鼓,关注腰鼓文化教育,以此激发师生共同努力,把腰鼓特色建设推上新的台阶。

苏霍姆林斯基说过:"学生来到学校里,不仅仅是为了取得一份知

识的行囊，更主要的是为了体验学习的成功和快乐。"学校在组织书法、绘画、歌舞等常规比赛的基础上，每年定期开展艺术节活动，既丰富师生校园文化生活，陶冶情操，又为学生搭建展示才华的平台，让学生尽显身手。学生真正成为学校的主人，校园成为学生健康成长生活的乐园。

总之，美的东西总是让人赏心悦目，爱美、求美是儿童的基本心理。艺术教育让学生在学习中发现美、欣赏美、享受美，于不知不觉中受到美的熏陶，从而激发学生热爱生活，让他们像小鸟一样享受快乐的校园生活。

三、"体育与健康领域"——塑造高新少年的健康品质

身心健康是健全人格的物质基础。丰富的精神、广博深刻的思想、积极而高雅的审美，无一不是健康身心在长期的学习、探索和实践中形成的。高新少年的身心健康，既有品德与人文课程的支持，又有艺术与审美课程的渗透，从而使学生有了不断追求自我完善、自我塑造、自我突破的思想和动力。有了这种动力，学生对学业、对体育锻炼都有了更大的忍耐力和意志力，有了更好的合作能力。同时，我校开设多彩有趣的体育活动和心理健康活动，也有助于学生掌握适合自身的运动方法和技能，养成健康文明的行为习惯和生活方式。

四、"科技与数学领域"——塑造高新少年的智慧品质

思维是健全人格的重要维度，是人的思维的个性特征，反映了每个个体智力或思维水平的差异，主要包括逻辑性、深刻性、灵活性、独创性、批判性、敏捷性和系统性七个方面。我校的格物致知科学思创学科课程及在科技和数学领域开设的四大类课程，重在训练学生严密的逻辑思维能力、精准快速的计算能力、聚集性和发散性思维能力、

数字化操作能力和多学科技术思创能力。这一领域的课程资源，旨在培养学生对知识进行综合理解和应用能力，以合作探究和科技实验为主要学习方式，引导学生主动参与科学探究活动，在活动中以自己的亲身体验来理解科学的本质和精神，培养学生的创新意识和能力。我校在这一领域着力打造了 STEAM 课程体系，以此带动整个领域的整合发展。

在西安高新国际学校，STEAM 课程作为基础课程，依据国家《小学科学课程标准》《中小学信息技术课程指导纲要》和《中小学综合实践活动课程指导纲要》，结合 STEAM 教育理念和国家对科技教育的要求，全方位考虑科创教师发展要求及学生成长发展需求，构建了"STEAM 理念下科创教育课程体系"，形成了"双动五步合作式"学习策略，采取"三线并行策略"，即以教学空间建设为基础、以教师团队建设为关键、以课程体系建设为核心，面向全体学生开设 STEAM 课程。

在 STEAM 本土化实践探索方面，我校率先研发、出版了一套成体系的 STEAM 教育系列实验教材（北京师范大学出版社出版），教材涵盖 1~6 年级共 12 册，58 个主题、110 个项目、315 课时的教学内容，涵盖了新科学课程标准与信息技术课程标准的核心内容，并在主题与项目中融合了 3D 打印、编程、机器人、智能硬件等技术领域的内容。

未来社会人们所遇到的情境和问题更加具有开放性、综合性、复杂性，仅仅依靠某一方面或某一个学科的知识难以解决问题，需要调动多角度、多维度、系统性的知识和能力形成的综合素养。

基于 STEAM 教育理念，西安高新国际学校从 2013 年进入 STEAM 初期探索阶段；2015 年规划 STEAM 教育整体架构、制定建设策略；2016 面向全体学生开设 STEAM 课程，开展教育教学研究活动；2017 年至今成体系推出 STEAM 教育课程体系。多年实践积累，在课程体系建设、课程空间建设、教师团队建设、教学研究建设等方面取得了丰硕的成果。

(一)建设四级课程体系,助力学生智慧发展

学校构建了"基础课程——拓展课程——选择课程——综合课程"四级课程结构,递进成序,将课程知识转化为学生的智慧发展,从而自然生成课程成果。

目前,我校形成了比较完整的 STEAM 理念下的科创课程体系,整合了小学科学、信息技术、综合实践活动等课程,融入结构搭建、航模、机器人、3D设计、木工、智能硬件及图形化编程等体现技术与工程的维度的课程,形成了基础课程、拓展课程、选择课程和综合课程,覆盖了1~6年级全学段(一、二年级1课时/周,三至六年级3课时/周)。拓展课程涵盖了科技研学、木工亲子课堂、全人科普大讲堂、项目延伸课程等,同时为满足一批创新思维特别活跃的学生的需求,我们开设了航模、无人机、机器人、3D创意设计、电子积木、科技魔法、创意 Scratch、智能硬件、木工及机器人10门选修课程,帮助学生开阔视野,构建完整的知识与能力体系。在此基础上,为汇集、展示学生的科创创新成果,我们举办了以"科技竞赛"与"创客展示"活动为主的博创科技节等综合性课程,激发学生运用知识解决实际问题的兴趣,培养探索精神、应用意识和实践能力。

1. 基础课程

即国家课程。为了将国家课程更好地进行校本化实施,依据国家课程标准,遵循以纲为本的原则,融入结构搭建、航模、机器人、3D设计、木工、智能硬件、人工智能及编程等体现技术与工程维度的课程,进行了课程内容的重构,形成了科创基础课程。课程以全景式教研为课堂实践的根基,以课堂实践为项目式学习的核心,通过对项目内容的解析将基础课程分为三大类型:科学探究类、工程实践类、信息技术类。课程范例的研磨形成了基本的教学程序,即"观察发现—创

意设计—合作实践—交流分享—延伸拓展"。在整个的操作程序中，学生像科学家一样思考、研究问题，像工程师一样设计、实践，最终解决问题。

案例3
工程实践类课程：

三年级《轻木飞机》项目，在该项目中学生需要以协作形式完成分析图纸，打磨和组装等实践操作，飞行姿态、距离等测试分析的内容，并综合运用数学上的对称性原理、物理上的伯努利定律等学科基础知识结合创意绘画制作完成一架轻木飞机，充分体验多学科知识融会贯通在解决实际问题中的重要性。同时，也不难看出这个项目蕴含的理念，即科学（物理知识中伯努利定律、力学的应用）、技术（飞机平衡性与稳固性的技术调整）、工程（分析图纸、结构与设计及测试改进）、艺术（发挥想象，对飞机进行创意绘制）、数学（机身对称性及测量分析的方法）。

STEAM教育是一种基于项目式的学习模式，它以项目的形式把生活实际与理论知识融入学习活动，"以项目为主线、教师为引导、学生为主体"，激发学生自主学习、合作学习，促进学生综合技能及素质的发展。五年级《桥梁设计》项目中，通过"建造桥梁"的游戏为学生创造体验环境，思考影响桥梁结构稳定的关键因素。教师发布了"桥梁承重"的学生项目后，小组合作经历"界定优势—分析材料—设计图纸—搭建结构—测试改进"的工程实践过程，在课堂中应用数学的对称性、比例尺等基础学科知识，并运用力的传递、分解等相关物理知识，分析桥梁结构特点、掌握桥梁结构的稳定性设计与搭建，并反复进行测试与验证，在学生自主动手合作探究的过程中形成解决问题的工程思维。

科学探究类课程：

在一年级《植物鉴别师》项目中，学生成为小小植物学家，面对陌生的植物，通过观察植物外形以绘画的形式记录植物的形态特征，了解植物特征后，再通过查阅资料的形式最终确定植物的名称。在二年级《厉害了，我的树朋友》项目中，学生以树的结构及作用基础知识为前提，通过发现古树空心依旧正常存活的现象激发学生探究兴趣，以自主阅读结合小组讨论形式了解树干的内部结构及运输系统。引导学生以芹菜为载体，利用材料以合作设计、实践的方式完成芹菜模型导管运输的实验探究，尝试揭开古树空心之谜。

这样的教学设计，更好地诠释并发展了科学课的课程理念——让学生主动参与、动手动脑、积极体验，将发现、质疑与实验结合，以证据为基础开展探究式学习。

信息技术类课程：

四年级的《3D桌面小助手》项目建立在引导学生自主想办法解决日常生活中桌面较乱的实际问题上，教师通过引导学生观察发现传统解决方案的不足从而引入3D设计。学生经历"发现问题—设计方案—解决问题"为主线的项目探究活动，掌握造物的工作流程，学会初步概念设计图的设计以及对造物实际大小进行初步对比测量。这样，我们为学生提供了动手做的课堂体验，学生运用所学到的知识来进行创造、设计、建构、发现、合作并解决问题。

编程思维不仅是编写程序的方法与技巧，而且是一种高效解决问题的思维方式。六年级《智能浇花系统》项目特点在于学生经历分解、模式识别、抽象、算法等编程思维，从分析问题到拆分问题，从利用原有知识解决新问题到设计路径解决整个问题，完成过滤器、消毒、抽水等程序的编写，并结合开源硬件以合作实践解决了"出门在外无法给鱼换水和植物浇水"这一现实问题，在锻炼学生动手实践能力的同时发展提高学生的综合思维能力。

2. 拓展课程

拓展课程是基础课程的补充、延伸和完善。它立足于课堂，但又不局限于课堂，打通课内外学习空间，形成有机的链接；旨在帮助学生在实践性课程中开阔眼界、增长知识，着力提升课程价值，以及学生的社会责任感、创新精神和实践能力，达到知行合一的学生发展目标。

比如，学校在对"工匠精神"的体会与学习的基础上，将作为中国优秀传统文化的木艺与STEAM教育理念相融合，积极探索、研发基于STEAM教育理念下专业的木工课程，通过主题式的呈现方式，让孩子们在体验木工乐趣的同时，提高综合素质、思维能力，激发创新精神。

案例 4

一、二年级木工主题课程《3D木艺拼图》，同学们三三两两一起，参看图纸，讨论交流，动手拼图，从一片片到一群群，搭建起一个充满生机的动物主题乐园。同时，学生们还利用拼接材料的废木板创意搭建了背包、台灯、果盘、桥梁、书架、风车等生活常见事物，变废为宝，充分发挥自己的想象力，在大胆尝试中获取经验，在相互合作中感受成功的喜悦。

木工社团的《创意七巧板》，通过让学生自己动手亲自制作一个木艺作品的实践活动，经历设计绘图、线锯切割、木锉加工、砂纸打磨等环节，完整的七巧板终于呈现在眼前。同时鼓励学生发挥想象，大胆创作，绘画点缀使之成为世界上独一无二的工艺品。

木工亲子课堂中首个主题课程内容为《投石车》。投石车是利用杠杆原理抛射石弹的大型人力远射兵器，它的出现，是技术的进步也是战争的需要。学生和家长历经一个月时间，通过准备材料—绘制图纸—迭代设计—粗加工—细加工—组装调试六个环节的探究制作过程，由原来单纯的科学知识识记学习，转变为 STEAM 项目式学习，在"学知识、用技术、做工程"的实践环境中构建完整的知识与能力体系。

3. 选择课程

选择课程是在基础性课程、拓展性课程的基础上从多个维度进行延展，让学生开阔视野，加深对事物的认识，包括知识和思维的、审美和判断的提升以及生活经验的积累等，这些方面的内容都是以学生的兴趣为出发点，进一步延展基础性课程和拓展性课程，以提升学生的学习品质、生活情趣和生活品质为归宿。学校开设了五大类共计 16 门选择课程。第一类自然科学，包括小小科学家、创新实验班；第二类航模，包括航模 F_1、创意航模、无人机；第三类机器人，包括乐芒机器人、WER 机器人、VEX-IQ、VEX-EDR；第四类创意智造，涵盖 3D 创意设计、图形化编程、创意 Scratch、智能硬件、木艺创造、智能创造；这四类课程的课时安排在国家课程规定的六节课之后的时间。第五类是亲子木工体验，课时安排在每周六早上。课程内容非常丰富，一部分课程是根据学生的年龄特点设置，另一部分是根据学生特长持续发展进行分层设置，覆盖全校 38% 的学生。

4. 综合课程

综合课程以节日课程为呈现方式，即"博创科技节"。其核心要义是汇集、展示、发布学生科创课程全过程及创新成果，将好奇心转化为持久的学习动力，为学生提供思维飞扬、创意无限的空间。

一年一度的"博创科技节"，以三个阶段五大板块为推进策略，汇聚学生的想象力和创造力。三个阶段，即"开幕——普惠科学知识"阶段、"创新——科技融入理想"阶段、"放飞——明日奇思妙想"阶段。五大板块，即"我是创客""技能挑战""科普大使""身临其境""玩创发布"。"博创科技节"的整体推进又是以成果模型、实物展示，互动体验、项目发布，以及玩创科技竞技等形式表现科技内涵，使学生在参与中认识科学，在互动中了解科学，在体验中感受科学，在创意发布中走进科学。

总之，我校的四级科创课程体系，将整合性和融合性、基础性和综合性以及实践性和创新性进行有机结合，覆盖1~6年级全学段。

(二)建设课程团队空间，形成资源服务保障

1. 科创团队建设

(1)核心成员

STEAM 教师是 STEAM 课程的实施者，基于 STEAM 教育跨学科的特点，总体来说我校科创团队核心成员建设有师资足、配备强、年纪轻、学历高、跨学科、整合强、有活力、擅钻研的特点。我校集中了 18 位来自不同专业的教师，自然形成了跨学科性和融合性的团队特点，并通过多种途径不断提升师资力量及教师专业技能，确保课程顺利有效地实施。

(2)高等院校资源

为了体现 STEAM 课程的开放性，我们积极探索协同教育对科创课程带来的益处，根植于陕西教育，联合西北工业大学、西安交通大学、西安电子科技大学、西北大学、陕西师范大学等高等院校，特聘教授、博士生导师为学生开讲座、授课，共建我校 STEAM 教育教师团队。

(3)社会资源

与此同时，联合科技公司、社会团体、教育机构、基金会等社会力量投入我校科创教育，发挥各家协同者的最大功用推进科创教育发展，实现正式学习非正式学习的有机组合，共建科创教育生态体系。这其中就包括了 IN 科技、西安交通大学博导实验室、自然博物馆、西北工业大学风洞实验室等社会资源。

2. 科创空间建设

设施设备的投入是开展 STEAM 教育的基础。依据课程需求，目前我校已建成 20 余间近 3000 平方米的 STEAM 教育课程中心，包括三大区域，即 STEAM 实验中心、科创空间、少年科学院，还有五间服务于课程准备的仪器室、储藏室和粗加工室。

2018 年 7 月，占地近 1000 平方米的少年科学院落成，全面打通的空间建设涵盖了木艺 DIY 空间、智能创意空间、机器人实验室、3D 立体空间及 3D 打印空间，其中木艺 DIY 空间最受欢迎。

"木艺 DIY"采用工作坊的形式展开，该空间分为三个区域，机械加工区、设计区、制作区。机械加工区里，台锯、台刨、砂带机、方孔机、台钻等大型机械设备均由我校专业木工教师操作，来完成对原始木料的初加工。操作区则完全开放给学生，工具齐全、安全性高，手持线锯、小锉刀、桌面砂轮机、台钳等都可以在老师的指导下使用，学生亲身参与从设计图纸到制作的过程，培养动手能力的同时，体会工匠精神。

我校 STEAM 教育的空间建设，以学生的需求为出发点，能够满足学习者不同的兴趣、差异和需求，支持学生在不同复杂程度下的自主学习并加深理解。

(三) 开发联动教研模式，实践有效学习策略

1. 联动教研保障机制

采用浸润式的全景式教研进行课程研发，全景式教研，是以学生和教师的能力发展为中心，以真实的课堂为立足点，全方位、多角度、动态化的教研形式。其中有微教研、学科教研、分组教研、校本教研四种形式，根据实际需要灵活发挥其优势。

2. 双动五步学习策略

"双动五步合作式"学习策略使学生像科学家一样思考问题，像工

程师一样设计实践，从知识的积累、应用、重组到内化、迁移、创新，最终以解决现实问题为目标，灵活运用知识完成实验作品，在巩固理论知识的同时，提高了动手能力，拓展了创造性思维，在学习中获得成就感。课堂实践中通过对项目内容的解析，我们将基础课程分为科学探究类、工程实践类、信息技术类三大类型。课程范例的研磨形成了基本的教学程序，即"观察发现—创意设计—合作实践—交流分享—延伸拓展"。

（四）形成丰富多样的成果，承启 STEAM 教育发展

1. 教材研发成果

在 STEAM 本土化实践探索方面，我校率先研发、出版了一套成体系的 STEAM 教育系列实验教材（北京师范大学出版社出版）。同时，18 位 STEAM 教师基于本套教材内容和课堂教学实践，汇集编写的科学探究、工程实践、信息技术三大类型共计 27 个课例的 STEAM 课程教学案例出版。（见图 4-1）

图 4-1　STEAM 教育系列实验教材及教学案例

2. 课程学习成果

基于课程教学，学生在每个项目中都会以小组合作的形式完成创意作品、实验探究方案或解决问题的措施和方法，成果形式多样且内容细致丰富。以《地震工程》为例，在基础课程中，学生了解地震的定义、形成原因和传播方式等自然科学的知识，学习数字钢球倾角传感

器、数字震动传感器和编程等信息技术，进而进行创意地震小发明的设计和制造。在拓展课程中学生就"假如地震真的来临，我们该怎么办?"这一问题继续查阅网络得出结论。在选择课程中部分学生对创意地震小发明进一步进行完善，其中康祖铭和甘栩生的作品《绿色智能应急房屋》在香港创客挑战赛中获最佳创意一等奖，该作品还远赴英国参加了国际未来工程师挑战赛荣获金奖。(见图 4-2)在综合课程中以"博创科技节"为呈现方式，给了学生更广阔的舞台去展现自己的创意地震小发明。

3. 科技竞赛成果

近三年，我校学生的科技创新成果在各级创意编程大赛、科技创新大赛、机器人大赛、航模竞赛、环球自然日青少年科学知识挑战赛、中小学生电脑制作大赛等竞赛活动中屡获佳绩，获得国际级一等奖 7 项，国家级一等奖 27 项，省级一等奖 35 项，市级一等奖 29 项；国际级二等奖 9 项，国家级二等奖 15 项，省级二等奖 47 项，市级二等奖 63 项；国际级三等奖 8 项，国家级三等奖 11 项，省级三等奖 89 项，市级三等奖 37 项。

图 4-2 中英未来工程师国际青少年 STEM 挑战赛及全球程序员大赛

4. 学校 STEM 教育荣誉

2016 年 12 月我校成为"全国中小学 STEM 教育示范基地"；2016 年 11 月成为"青少年科学调查体验优秀活动示范学校"；2017 年 3 月成

为"中国教育学会科创教育联盟首批成员学校""中国新样态学校联盟首批实验学校";2017年5月成为"中国教育信息化STEM教育&创客教育首批实验学校";2018年4月,西安市教育科学研究所将中国教育科学院"STEM教育协同创新中心"落户我校,我校成为中国教育科学院"陕西STEM教育协同创新中心"首批合作学校。2018年6月获得"2018年度最佳STEM空间奖"。(见图4-3)

图4-3　学校STEM教育荣誉(部分)

近些年,我们的重要成果《STEM教育实验课程》《基于本土化实践的STEM课程教学案例》、学生学习作品成果也通过第三届全国STEM教育发展大会、2019届未来工程师国际青少年STEM挑战赛、校内外教育论坛等平台向全国辐射,在实践推广过程中形成西安高新国际学校STEM教育品牌;携手陕西省教科院及西安市教科所先后召开10余次现场培训会、成果发布会,引来多家主流媒体争相报道及近一万名国内外的同行、学者进校参观调研、学习交流。

第四节 劳动教育课程体系

习近平总书记在全国教育大会上的重要讲话中把"劳"字列入全面发展教育理念,要求"要在学生中弘扬劳动精神,教育引导学生崇尚劳动、尊重劳动,懂得劳动最光荣、劳动最崇高、劳动最伟大、劳动最美丽的道理,长大后能够辛勤劳动、诚实劳动、创造性劳动",要"形成更高水平的人才培养体系"。这一论述历史性地把劳动教育从传统意义上促进青少年全面发展的有效途径提升为重要教育内容,也预示着新时代劳动教育必将呈现出不同于以往的新内涵。

一、劳动教育的新内涵

伴随时代发展,教育的内涵与方式发生了很大变化,教育与劳动的关系开始变得日趋复杂。唯有系统剖析劳动教育的新内涵,才能最终实现教育立德树人的根本使命。

其一,在地位上,应成为人才培养体系的独立部分。新时代的劳动教育应该被理解为"关于劳动"的教育,是与其他四种教育形态(德智体美)并举的教育范畴,有着自己独特的目标定位、内容体系和实施方式。

其二,在形态上,应将劳动知识技能与生活实践相结合。新时代的劳动教育被赋予更为广阔的含义,除了基本劳动知识的积累之外,更重要的还有劳动精神、劳动情感、劳动意识、劳动技能等方面的培养,这些目标的实现,显然不能仅靠劳动知识的积淀,而必须让学生在丰富的劳动实践中感知、体验和生成,这也就意味着学生的劳动教育在本质上应该体现为一种实践形态的教育。

其三,在内容上,应积极回应时代需求,融入新时代的元素。不同时代背景下,人类的劳动形态不同,已不再局限于传统的动手操作,而是有了更为广阔的外延,劳动本身蕴含着学习、观察、探究、思考等过程,与洞察自然、提升智力、追求真理、热爱生活、改造实践高度相关。基于此,学校劳动教育应摆脱传统劳动教育价值观的束缚,向数字技术为核心的劳动教育4.0时代迈进。

二、构建"四园·博乐"劳动教育课程体系

依据马克思主义劳动观,以中共中央、国务院《关于全面加强新时代大中小学劳动教育的意见》中提出的"根据教育目标,针对不同学段、类型学生特点,以日常生活劳动、生产劳动、服务性劳动和创造性劳动为主要内容开展劳动教育"为核心,初步形成了以学生熟悉的劳动生活为主题来整合课程内容,校内与校外、理论与实践多元融合的"四园·博乐"劳动教育体系,即家园美、田园行、职园启和创园能四大学习领域的课程结构。通过考察探究、社会服务、设计制作、职业体验四种主要活动方式,鼓励学生人人参与生活实践活动,在生活实践过程中学习劳动知识、培养劳动能力、发展其劳动素养、增长其实践智慧,最终使学生具备"小创客思维、小主人责任、小农夫情怀、小工匠精神",成为乐于助人、乐于奉献、乐于担当的社会主义时代新人。

从这一认识出发,教育联合体尝试提出新时代劳动教育体系建构的初步思路,设计了包括核心层"五大目标体系",中间层"三大任务体系"和"课程实施体系",以及外围层的"保障体系"的新时代小学"四园·博乐"劳动教育体系。(见图4-4)

第一层:新时代劳动教育体系的核心层,是劳动素养的五大基本构成要素——劳动价值观、劳动情感态度、劳动品德、劳动习惯和劳动知识技能,它们代表了新时代劳动者在思想、心理、道德、行为、能力五个方面的基本素质表现,是新时代劳动教育的五大基本目标。

第二层:劳动思想教育、劳动技能培育和劳动实践锻炼共同构成

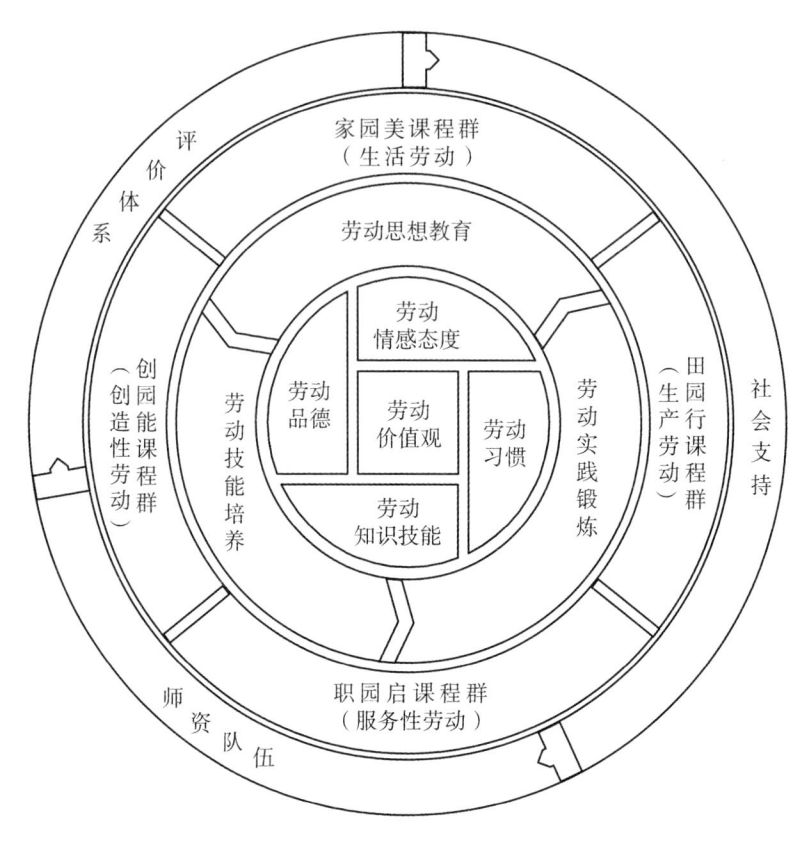

图 4-4　劳动教育体系

新时代劳动教育的三大任务。其中，劳动思想教育的核心任务是培养学生的劳动情感态度和劳动品德；劳动技能培育的核心任务是培育劳动知识技能，同时关注相应劳动品德的训练；劳动实践锻炼的核心任务是使学生养成良好的劳动习惯，同时，也是养成积极劳动情感态度、深化劳动知识技能学习的有效途径；劳动价值观作为劳动素养的最深层、最核心的要素，其离不开劳动思想教育、劳动技能培育和劳动实践锻炼三大任务合力共推。

第三层：课程实施体系，代表了探索"四维一体"的实践育人路径。

2018年，习近平在全国教育大会上，对培养什么人、怎样培养人、为谁培养人这一根本问题，提出了明确的工作要求，做出了战略部署，也为青少年的劳动教育体系建构指明了方向。以此为指引，我校逐步构建了"家园美""田园行""职园启""创园能"四个维度的劳动教育实践育人路径。

1. 家园美课程——生活劳动

"家园美"课程紧紧围绕"衣食住行"，是以"校园"和"家园"为圆心同频共振落地生活劳动内容的"三美"课程，即美化、美食、美德。

"美化"课程从关注自我、关注家庭、关注学校三个维度着眼设计课程主题。

"美食"课程从"认识美食工具、了解膳食搭配、掌握烹饪方法、安全使用炊具"四个方面安排课程内容。其中，以中国八大菜系为主，陕西特色美食及传统节日美食为辅，构建了"一主两翼"的美食课程体系，结合学生的认知能力和动手操作水平进行课程内容的序列化设置，采用必修与选修相结合的方式设置课程内容，覆盖1—6年级所有学生。

在整个课程中，学生学会了制作菜谱、挑选辨别食材、使用厨房工具、做饭、写作文案，感受到了纸上得来终觉浅，实践体验出真知。家庭的生活责任，也从单纯靠父母承担，转向父母和孩子，成为一个家庭的共同担当。就这样，经由一份菜谱的探究，我们帮助孩子建构了完整系统的生活技能学习。（附：美食课程群一览表）

"美德"课程以《道德与法治》课程为主轴，以班队会课程与德育实践活动为侧翼，将劳动教育课程由校内延伸到校外，寻找书本知识与现实生活相统一的劳动教育资源，重构劳动课程内容。在课程实施过程中遵循"知—情—意—行"的教育发展规律，精心组织以"学起来、唱起来、讲起来、做起来"为主要形式的教育活动，实现儿童精神生活与社会生活的有机统一。

2. 田园行课程——生产劳动

"田园行"课程以西安高新国际学校名校＋教育联合体劳动实践基地为主阵地，以科学基础课程和"植物博物馆"项目课程为两翼，扎扎实实推进生产劳动内容的"三行"课程落地，即观察行、探究行、动手行。

每年春耕秋收时节，学校都会组织4－6年级全体学生走进劳动实践基地，体验农民的劳作流程及辛苦；同时1－3年级学生则走进"少年科学院""人工智能实验中心"劳动实践基地，从观察、记录、种植等维度进行劳动体验，建立起校内与校外劳动教育资源平台。譬如：二年级开设的"我与小葱的故事"项目式学习课程，学生亲手种植小葱，观察、记录小葱的生长过程，探究小葱生长所需要的条件，通过亲自种植与长期观察，体验植物生长的奇妙。在基础课程中，学生化身为植物鉴别师，通过观察植物的器官，认识不同种类的植物，探索植物的奥秘。在选择课程中，学生以来自英国本土的《植物博物馆》课程为依托，利用一个学期的时间，系统、持续性地观察记录、探索及动手实践，在花园中观察、在田地里探索、在课堂中边做边学，这种动手动脑相结合的学习方式，使学生面对自然世界有了更深层次的思考。

3. 职园启课程——服务性劳动

参与职业体验和公益劳动，感受"幸福是奋斗出来的"，这是学校开展职园启蒙课程实践教育的根本宗旨。围绕"为学校服务、为家庭服务、为社会服务"三个模块，设计"三启"系列课程，即"学校启蒙课程""家庭启蒙课程""社会启蒙课程"。职园启课程以"百行百业职业体验"为抓手开展公益劳动，课程按照认识职业、体验职业和感悟职业的步骤开展。如学校职业启蒙课程，利用学校职业资源，由学生中心牵头，按照主题、年级、课时、实施时段、劳动教育目标指向，将校园岗位进行梳理、规划，让学生走进图书馆当图书管理员、来到餐厅操作间当小工、午餐期间充当送餐员等等。再如利用节假日和寒暑假，走进社区医院当引导员、到敬老院当服务员、去法院当回小法官等等，参与式体会各行各业的艰辛，养成尊重不同劳动者和各种劳动成果的品德。

4. 创园能课程——创造性劳动

在当前背景下，培养创新劳动观念势在必行。所以，在青少年中塑造和培养创新型劳动观既是新时代的选择，也是基础教育的应有之义。为此，在这个劳动领域中设置了有梯度的"三能"系列课程，即能创意（艺）、能制作、能发明。（见图4-5）

图 4-5　学生科创作品

"三能"系列课程以培养学生创造性劳动为导向，以基础课程的形式对学生参与社会劳动生活有实践意义的劳动学、自然科学、信息及数字技术（3D打印、编程、机器人、智能硬件）等内容依据主题进行融合，以解决实际问题的逻辑顺序为主线，打破学科界限，加强学科知识与劳动实践的有机结合，将"项目式学习"作为主要教学策略，即以一个具体项目（一个物品、一件产品或一项服务）为教学主线，在教师引导下学生能够独立或与他人合作完成特定项目，使学生将理论知识运用于劳动实践之中，真正实现对学生全面发展、主动发展、创新发展的劳动教育。

在每个项目学习的过程中，针对现实生活现象或实际问题，以制作活动为核心，学生需完整地经历一次"能创意（艺）""能制作""能发明"三个阶段的全部过程。

首先在能创意（艺）阶段，采取符合生活的创意艺术形式，提供丰富多样的材料，在具有沉浸感、体验感及参与感的情境中激发学生充分创意思考，产生设计想法、确定设计方案，为进入和完成"能制作"阶段做准备。

在能制作阶段，学生了解并创造性地使用不同的视觉感官、依据性质选取材料并组合材料，使用不同类型工具、结合不同制作工艺或"制造技术"（包括手工、木工、3D打印等），尝试多种解决方案，充分动手实践，制作出兼具美感和实用价值的项目产品。

在能发明阶段，鼓励学生对制作阶段产生的项目产品继续加以改进、改良或合成、拆分、组合来产生新的构思或设计，同时通过教师及外聘导师的指导，以科学的思维方法和专业的技术支撑，为有创想能力、创造思维和创新意识的孩子提供更多定制式的劳动支持，使创造性劳动有丰沃的土壤和广阔的空间，从而实现项目产品个性创新。

课程内容在低段（1－3年级）偏重基础，难度较低，注重基本概念的学习、基础设备的应用。而高段（4－6年级）内容较为复杂，侧重考察学生的创造力、问题解决能力。

以上做法不仅整合了多个领域内的知识与技能，还将校企进行有效链接，每学期都会安排2－3次的高校、企业和工厂考察活动，从培养兴趣、提升劳动素养、进行社会实践三个层面，逐级为学生提供相应的劳动课程，为学生步入"数字世界"奠定了坚实的实践基础。

目前学校劳动实践基地逐渐发展到11个基地，形成了"一带一路"的思路："一带"就是生存、生活、生长的生命带，"一路"就是做学玩合一、思创行一体的劳动实践路，以此开启小学生劳动的社会性。

"四园·博乐"劳动课程体系除了"四园"四个课程学习领域外，还给予"博乐"丰富的内涵，学校把每个月其中一天定为"博乐劳动日"；把每年四月的最后一周确立为"博乐劳动周"，各年级根据学生身心发展特点开展丰富多彩的劳动实践活动，以此调动学生参与劳动的积极性，激发学生热爱劳动的情感，检验学生劳动技能的掌握。

第四层：最外层是"保障体系"，即师资队伍保障、条件保障和评价体系保障。重点阐述"评价体系保障"——我们依据《关于全面加强新时代大中小学劳动教育的意见》提出的"要将劳动素养纳入学生综合素质评价体系，健全劳动素养评价制度"要求，结合劳动教育中对"服务""创造""躬行"等劳动价值的重点弘扬，研发了集过程性、发展性、动态化为一体的劳动素养评价手册《尽享劳动的乐趣》。评价手册从劳动意识、劳动观念、劳动能力和劳动成果四个评价维度展开，在评价过程中采取三种方式：一是对劳动观念、态度、习惯、品质直接进行互评和师评；二是对知识和技能采用竞赛活动、体验操作、作品展示等量化打分，再转化为等级；三是对学生自我服务劳动、家务劳动、公益劳动、简单生产劳动进行三位一体的评价，即学校、家长、学生，这样就能够客观反映学生的成长过程，体现出学生劳动能力、劳动态度的发展变化。

在保障体系的保驾护航中，我们期待每一次劳动都能让学生找到自己的劳动坐标，即学会生存、积极生活、丰富生命、享受生长。这就是新时代赋予劳动教育的重要价值。

劳动既能创造历史，也能引领未来。要真正实现全方位劳动育人，每一个领域都要以劳动育人共同价值追求为初心，充分发挥各领域的优势与特长，在教育资源、师资队伍、制度保障、评价体系等方面实现互融互通，优势互补，逐步形成全领域、全时空、全维度的劳动育人机制，进而回应劳动教育的本质——"以劳促全"，面向全体学生，面向学生的全面发展。

第五章 高新全人教育的德育

在构建高新全人教育体系的过程中,西安高新国际学校认识到立德树人的重要性,特别探索如何更好地发挥学校育人环境的功能,追求一种既能避免强制灌输,又能引导学生坚持正面价值引领的方法,给予学生一种完整、明智又灵动的道德教育。由此,我校确立了以欣赏型德育模式为行动支撑来构建高新全人教育的独特德育体系,即高新全人欣赏美德育。从基本内涵上看,欣赏型德育是一种希望内在地借鉴审美精神,以实现"解放教育对象"和"提升教育对象"①双重教育使命相统一的德育实践模式,让德育的"价值引导"和教育对象的"主体建构"两个看似矛盾对立的方面能够互相支撑和生长。

---

① 温建华、肖桂凤:《心灵之航》,1页,合肥,安徽教育出版社,2006。

第一节 探索背景：学校德育的偏离与缺损

一、浮躁的德育目标

当代人重视功利和物欲的满足，却忽视学习主体的差异与幸福；唯科学和数字计量的品德测试方法至上；忽略学生情感和道德需要，一味地机械灌输僵化的成人道理；放任形形色色又低俗的价值形态以隐性的方式在校园中传播等现象突出。学生被视作工具、手段、试验对象。这样的德育让学生失去了对于学校德育的兴趣和坚持，而学校本身为了德育而德育的简单方式，更内在地反映了学校德育受社会文化的影响而摇摆，显示教育理念层面上缺乏一种对德育目标认识上的相对稳定性。

相对于当代浮于表面，又内里模糊的德育理论，欣赏型德育从目的层面，以超越性为特点为德育提供了僵化改造和精神获得这一进阶式探索思路，并在教育领域中为德育变革提供了新方向。而从陶冶到技艺到超越，体现的是一种以美为中介性工具，将其铺陈撒播到更广大的教育领域中去的一种方向性路线。陶冶强调以美为载体，为德育方法的机械僵化提供创意与自由。技艺是将德育活动视为德育框架，来分析和思考如何在高层次的审美活动中实现德育的全人价值。而超越则更重视精神研究，强调帮助学生从学习的方方面面汲取精神营养，提升思想境界。只有从根本上把学习过程变成审美过程，而不仅仅是改变学习过程的某些要素，才能解决学习外在于人，成为日益沉重的负担的问题，使学习变成对人的生命的根本肯定，带有愉快而高效的统一性质，促进人的全面发展。①

二、狭隘的德育手段

规训、讲授、示范、奖惩等教育方法无不反映着对人性理解的固定和单一，即人性以被规范的唯一目标为终极性。传统德育手段忽视了个性差异在发展过程中所需要的自由与开放，忽视了方法手段中艺术与美的价值。功利主义盛行下的德育更强调个人本位与私欲的满足，甚至在学校德育中衍生出带有伦理性利己主义特点的教育方法，即常见地将对德行之美，心灵至善的追求与个人未来的收获与幸福相挂钩，而借以诱导学生行为对遵守规范的倾向性。欣赏型德育以自然超越的德育框架多角度地探讨德育之美，并致力于多视野地发现德育方式中的审美因素，而追求德育本身的艺术改造，是一种新式的具有实践价值的道德教育模式。在技艺层面，欣赏型德育显示出了教育方式具有的创造性与艺术美的特征及其对人格养育的良性功能。德育的过程是劳动的过程，德育的方法也是智慧的创造成果，而教育中教师与学生的互动共生，所提供的正是审美德育中的审美源泉与生生动力。这一致力于发现美、创造美的德育模式已隐性地确保了德育过程中主体所需要的空间与想象力。而活动中对技巧与艺术表现形式的关注，更吸引了对教育活动中美这一因素的工具价值的研究与探索，甚至将教育过程提升至教育艺术这一境界，而竭力揭示教育活动中技巧性所内需的灵动与和谐。而整个德育方式中体现的美感给予了教师与学生强烈的情感冲击与精神洗礼，并促使双方在活动过程中，以审美的视角去审视德育过程中的善恶美丑，而对人格培养产生有价值的审美育德这一效用。

---

① 陈建翔：《学习审美论——兼论减轻学习负担的内在可能性》，载《教育研究》，1994(2)。

三、落寞的德育功能

德育功能的多元性夸大了德育应有的效用，而在发展过程中显示出社会思想的浮躁与急功近利这一缺陷，甚至将德育机械地简化为行为规范、社会法则，忽视了个体内在精神修养的重要性。个体内在精气神的修炼与提升是对外在智慧的消化与涵养，是一个积累的过程，进而达到对自身气度与气质的深化与拓展。而在教育实际中，校园中不乏"品德计分法""捐款换座位""排演公开课"等非道德教育现象发生，忽略了学生主体的精神需求和道德情感体验，而难以帮助学生建立坚定的道德信念。

个体内在气度的养成是一个在高趣味的教育环境中受浸润而逐渐深厚的过程，要看到德育过程中美的典型和美所具有的境界陶冶作用及其诱导力量。[1] 欣赏型德育将学生置身于美好中，以情动人，净化学生的心灵，培养学生的日常生活情感，在德育过程中打造形象生动的信息传感通道，用自然柔和的方式传递并渗透给学生生活的智慧与理智的光辉，对他们的思想行为产生深刻的感染和震撼。赵洪恩在其文章《试论美育的心理机制》中便专门研讨了"以美储善"的可能性。他提出，美育之所以具有"以美储善"的功能，是因为情感活动在审美结构与伦理结构中作为一种信息通道而把二者联系了起来……使审美情感成为一种动力。只有这种动力的推动，道德认识、道德理想、道德信念才能向道德行为转化。[2] 而美对个人品格的塑造意义更是获得了席勒、王国维、蔡元培等先贤的肯定，而充分确认了置身于美的环境中，在陶冶中使得个人人格能享用美对其精神的解放与完善，有利于个体建立积极的人生观与价值观。

---

[1] 檀传宝：《德育美学观》，13页，北京，教育科学出版社，2006。
[2] 赵洪恩：《试论美育的心理机制》，载《教育研究》，1993(8)。

第二节　原理与目标

高新全人欣美德育是高新全人教育的一种延伸与探索，是一种具有生命力和创造力的德育模式，即欣赏型德育模式。具体来说，欣赏型德育活动模式即在学校的一切德育活动中，避免传统守旧与机械的德育方式，将道德教育的内容与形式经过审美化展示，使学生在"美"的活动中认识美、感悟美、拥抱美、追求美、创造美，进而在潜移默化中实现德育效果的一种实践模式。高新全人欣美德育体系是以培养健全人格为核心的德育体系，是以美来保全和引领人格整体性和发展的德育体系。完全的人格只有在美的欣赏和构建中才能超越片面和偏颇，才能实现从散落到整体、从部分到全面的飞跃。

一、理论基础

（一）德育美学观

德育美学观致力于以美改造现有的僵化的德育理念，将德育活动的关注点从外在的强制与灌输，转移到以个人主动吸收为基点，来唤醒和增强主体的审美能力和道德情感。同时，又利用德育活动中对主体产生触动和交融的情感渗透指引学生过有灵性又富于智慧的道德生活。德育美学观的核心思想在于，使审美和道德教育情景交融，构成一幅启人心智的画，一首扣人心弦的歌。通过德育的审美化改造，改变传统德育与学生内心"顽强的疏远性"，达到润物细无声的教育目的。[1]

---

[1] 温建华、肖桂凤：《心灵之航》，10页，合肥，安徽教育出版社，2006。

（二）因材施教

因材施教是由孔子在长期的教育实践中确立的不可或缺的经典原则，并被我国历代的教育家所传承与验证，并不断发展完善，体现了对教育对象的充分理解与尊重，表现出极强的生命力。同时，它在不断发展完善的过程中，从内涵到外延，不断被赋予新的内容。要发挥出德育活动价值引领，净化思想的功能，则必须要注重每位学生的差异与个性，发现学生身上的美与闪光点。以欣赏型德育模式的丰富多彩与生动自由尊重每位学生的个性发展，在灵动变化中追求高新全人欣美德育工作的和谐统一。

二、内在机理

高新全人欣美德育模式的实现并不仅仅在于实现了理论层面自身的自洽与完满，更重要的是思考如何在学校实践中落地，并服务于学校德育，实现立德树人的重要目标，这离不开对德育途径的思考与选择，即高新全人欣美德育的层次性，如图 5-1 所示。

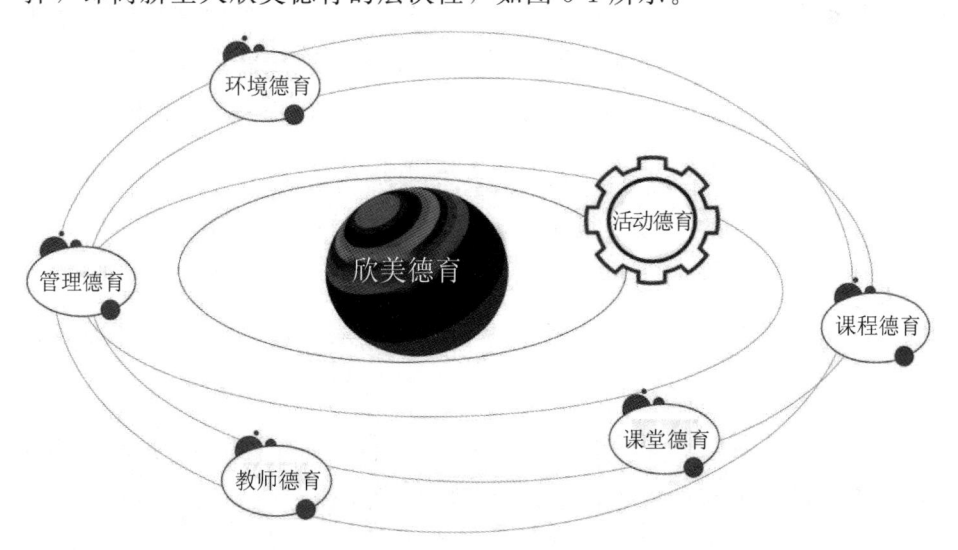

图 5-1 高新全人欣美德育模块图

（一）内与外：德育内容与形式

完善合理的德育工作离不开对德育内容及其呈现形式的二重思考。无法传达主题与期待的德育内容只能带来无关痛痒的教育印象，无法贯彻落实德育工作；而生硬又机械的德育方式不仅无法实现德育目标，而且可能会损害德育内容的本体价值。因此，德育工作的内容与形式有机和谐的统一是达成德育效果的关键，更是超越德育固有桎梏的前提。而欣赏型德育模式从发现美、欣赏美到发展美，始终围绕并聚焦于德育美的形式与内容的问题，其内容指德育过程中所要呈现的主体的人性本质，包括德育内容本身所内含的人格价值与力求到达的理想价值；形式方面包括活动主题的感性形象与活动形式所创造的外观形象，进而在活动中，师生自由互动而萌生对道德人格境界的追求。

（二）点与面：德育环境的构建

好的育人环境一定不是分离或是单一的，因为分离会带来德育工作的断裂，而单一则会影响德育工作的持久有效，因此，依托于完备又具有德育效果的环境来彻底达成价值教育目的是极其重要的。整体的德育环境反映的不仅是学校总体的文化水平、教育思想，呈现的更是学校的审美修养。这些整体的方面能从方方面面影响校园里的师生，这不仅是一种无形的制约力，而且是提升师生审美情趣与人格追求的源泉。在高而美的教育环境中，德育工作已经成为一种审美工作，逃出了传统德育带来的疏离感，并让德育对象对美产生亲近，养成高品质高趣味的行为习惯，体会有境界的德育熏陶，这整体的德育环境离不开校园工作中多方面的控制与设计。高新全人国际学校以服务学生为目标，从教师、课堂、课程、活动、环境、管理六大方面扎实落实高新全人欣美德育的思想，全方面把握德育途径，凸显教育品质。

（三）主与辅：六大模块协调发力

在高新全人欣美德育中，德育的落实分开落地到了教师、课堂、课程、活动、环境、管理六大方面，而出于各个德育实现路径的差异与特性，在发挥各自的德育作用时是不一样的，也正因为因地制宜，巧妙设计不同区块，德育工作才能在整体层面取得最大的合力成效，并具有自身特色。西安高新全人国际学校，具有极为成熟的活动环境，也具备丰富的实践经验，因而选择了活动德育为整体德育工作的主心骨。活动德育是这六大板块中最具活力与灵性的一个环节，在活动德育中，体现了对教师德育的培养与要求；对课堂德育与课程德育的调研与实践；对环境德育的联动与深化；对管理德育的指引与完善；撬动并联结了全方位的德育途径，是高新全人欣美德育完善学校德育工作，提升德育质量的重要手段。而教师德育是高新全人欣美德育的指挥棒，没有教师的配合与引导，则德育主体会失去方向；课堂德育是高新全人欣美德育的基础，没有认知的成熟与奠基，审美化德育只能沦为空洞虚无的表演；课程德育是高新全人欣美德育的支架，没有科学合理的课程设计，则教师、教学德育都会失去支撑与内在；管理德育是高新全人欣美德育的保障，没有规范人道的管理工作，德育将举步维艰，收效甚微。这六大方面有主有辅，各方面互相影响，互相依托，完善着高新全人欣美德育，而活动德育正是带活整个德育体系的关键，是让高新全人欣美德育在高新全人国际学校焕发生机与光彩的重要落脚点，也是帮助我们探究其内涵的窗口与脚手架。

三、核心目标：精细描绘完整人格

心理学家阿德勒将创造性自我、目的论、追求优越感、自卑与补偿、社会兴趣和生活风格作为人格发展的重要影响因素。根据对现代社会与人发展的深入理解和时代态势分析，这六个方面在当前需要进一步核心化为：自我觉知、兴趣与担当、好奇与勇敢、善良与顺应力、善良与情商、开放。

1. 自我觉知。对自我各方面属性和状态的认识和了解，是把握自我和提升自我的基础。

2. 兴趣。对认识事物和从事活动的心理倾向性，是一种投入和关切的状态，构成了认识世界和展开行动的动机基础。

3. 担当。对责任和义务的积极接受感。

4. 好奇。对自己所不了解的事物觉得新奇而感兴趣，充满新鲜感。

5. 勇敢。不怕困难和危险，有胆量，不退缩。

6. 顺应力。遇到无序、不确定和失败时的调整和复原能力。

7. 善良。心地纯净，没有恶心，是道德品质的基础。

8. 情商。理解和掌控自身和别人情绪情感的能力水平。

9. 开放。张开且释放，不封闭，不憋堵。

第三节　原则、途径与机制

一、实施原则

如上所述，活动德育是高新全人欣美德育模式运作的重要区块，联结着多方位的德育环节。为了创设多方欣赏联动的德育氛围，追求更高效的教育效果，需要在活动中明确几个原则，用心去发现美、欣赏美，在活动操作之前便以高品质的设计质量为德育工作铺陈出良好的可操作性，而确保德育的实效性。

（一）美的原则

欣赏型德育活动是要创设美的情境背景，以美的形式呈现美的内容，在活动过程中以生动、包容、交流与自然的方式疏导心灵，引发情感共鸣。德育要实现情境、内容及形式的审美化呈现，则要避免传统德育工作中生硬、单向的输出，反之，通过对美的呈现去吸引、感染、引导学生对正确价值观的向往与追求。也正是在这样一个全美的德育活动过程中，学生能够得到情感的陶冶与情操的发展，以内心对理想信念积极主动的肯定来获得永续持久的德育效果。

（二）差异性原则

活动德育本身便是生动自由的，有着千变万化的活动形态，其自身形式的多样性与创造力蕴含着丰富包容的教育能量。高新全人欣美德育秉持着自主开放的教育信念，强调的是自由接纳，承认并针对性地发展活动中每位学生的特质、问题或是需要，以发挥出每个活动环节的最大效益。如低年级学生更多地是以呈现教育丰富的多样性为着眼点，为他们提供看世界的平台，激发他们探索和发现的乐趣；高年级的学生更多的是关注他们在多场域中的经历对其自身的影响和感受，并予以关键而正确的疏导和引领，培养有道德高素质的未来人才。

（三）人本主义原则

当前众多的学校德育工作很大程度上都忽视了德育活动中学生的个体差异及个性化需求。而人本主义流派以罗杰斯、马斯洛等为代表，强调学习过程中"人"的因素，重视人的存在价值和自我实现，通过教育促进个人潜能的发挥，培养具有整体性完美人格的人。[①] 学生在学习过程中的成长、发展意义远远超过学习结果。这要求在德育活动过程中，加强以人为本、因材施教、人文关怀等因素，坚持"以学生为中

---

① 曾德琪：《罗杰斯的人本主义教育思想探索》，载《四川师范大学学报（社会科学版）》，2003(1)。

心"的教育理念。高新全人欣美德育活动的设计坚信每个人与生俱来具有积极的学习潜能，若活动能够创造适当的条件与合适的环境，学生的自我学习潜能即可得以激发，而其人格亦得到充分发展。因此，尊重学生，呵护学生是高新全人欣美德育活动设计的重要前提与原则。而学生也能够在自由明朗的活动氛围中，从欣赏开始，发展自立自强，卓越优异的思维品质。

（四）可行性原则

横亘在学校德育中的一个重要矛盾便是理论与实践脱节的问题，深厚的教育思想如何才能更好地服务并改造现有的学校教育实践，是活动设计必须要考虑的关键原则，缺乏可行性和实效性的活动设计只会披着空洞教育理论的外衣，而无法提供真正有效的指导意义。因此，欣赏型德育活动设计一般都遵守着这样一套操作流程：分析背景，指出问题，针对特定学生的特定问题，提出一套可操作的方案，然后进行审美化设计。[1] 思考以经典的理论依据与可行的教育实践相结合作为逻辑基点，将科学的理论指导变为成功的教育经验，并在实践中予以检查和测评，以可信的德育成效为保证，最终成为高新全人欣美德育的工作常态。

二、教育途径

德育活动的设计与实现不仅仅是对美的呈现，更重要的是在活动中调动学生的积极性与探索欲去发现美、欣赏美。以怎样的角度切入并强调德育活动的独特性则是十分重要的。高新全人欣美德育寻求情感、理性、实践三个主要的突破口，予以发展和培养，以提高学生对德育活动的认识，并在与活动对象的交互作用中发展具有伦理规范与

---

[1] 温建华、肖桂凤：《心灵之航》，23页，合肥，安徽教育出版社，2006。

和谐美感的认知结构体系。

(一)活动突破口

1. 情感的导善性

大多数成效不高的德育活动通常仅仅停留在认识层面,常见的德育矛盾是学习主体在认识上出于利益的计较和对比而表现出认同甚至赞许,但是在情感和行为层面则表现出排斥,这是当下人们被功利主义所宰制的结果。席勒指出:"对实在道德需要和对现实东西的依附只是人性缺乏的结果,对实在的漠视和对外观的兴趣是人性的真正扩大和达到教养的决定性步骤。"[①]而审美活动本身就有向善的一面,通过对审美对象的形式关照使人走出当前的功利制约,达到手段与目的的统一。在进行审美交流时,实际上是进行人际精神交流,在思想层面上缩短了现实与善的距离。此外,审美活动是道德情感感化教育的重要中介。高新全人欣美德育模式,并不以物化的内容为导向,反之超越了当前的功利主义,并要求德育主体在德育活动中触及自身情感,进而净化与提升物欲的制约,实现个体的尊严与自由。当学习主体进入德育活动中,在面对完整而全面的美的活动时,此时的个体面对的是一系列的、成类的美的冲击,而超脱出个体的孤立与封闭,在情感上获得更为广阔而空灵的与善的对话空间。

2. 理智的自律性

道德教育的学习本质是一个从无律、他律到自律的过程,但是德育工作靠外在的规范与制约是不可能帮助道德主体实现真正的思想自由,树立人格尊严的,只有道德主体建立真正的精神自由,克服道德自我与外在世界的疏远性,才能把握伦理世界的真正价值。在德育审美活动过程中,以对审美内容的分析和总结为认识基础,以艺术性呈

---

① [德]席勒:《美育书简》,徐恒醇译,133页,北京,中国文联出版公司,1984。

现方式为提升手段，以道德情感为源泉，使个体能够基于审美活动，而体会并把握到美的智慧与理性，从而约束自我，规范自身。当审美活动的直觉自由产生并涵养道德个体的直觉自由和创造性，而具有自由和创造精神的道德学习个体在面对与社会发展方向所一致的社会道德时会顺利地实现社会道德的"内化"。在西安高新国际学校的少年科学院中举办的"木艺DIY"活动，通过教师的指导，让学生亲自参与从思考设计到原始木料的初加工，再到动手组装全过程，各个环节都体现并传递着创造与想象的快乐。学生个体也在相互合作，共同思索的过程中感受手工的魅力，也能从中学到细致、耐心、专注、坚持等优秀品质。而这些在审美活动中养成的品质，因为培养氛围的自由与开放，而一旦养成便具有长久的道德效果，当面对现存具有强制性和灌输性的道德矛盾的冲击时，则能主动地运用自身的道德判断，做出明智的道德选择。

3. 行为的实践性

光有思想和精神的富足，而缺乏行动的践行，则道德教育就会成为一个思想的空壳。这与强调实践导向的学校德育的需求不符，也是道德教育体系的缺陷和不足。赫伯特·里德爵士（Sir Herbert Read）指出："艺术是教育的基础，是唯一能使身体优美、心灵高洁的教育。"① 通过实践而体验到道德品质给个体带来的快乐和自由特质。如"校园写生"活动，便是在绘画这一艺术活动中，把感受到的快乐再生产为创造的快乐。而从事绘画类艺术创造活动的儿童具有普遍的自发投入倾向和乐于进行新尝试的兴趣，而能随着自身想象力的扩展，寻求多种观察、构想与表达的方法。而西安高新国际学校参与并获得西安市青少年校园足球联赛冠军，更是贯彻了审美活动突破传统德育活动对学生个体身心的束缚，脚踏实地，积极努力地走向自由创造。而高新全人

---

① ［英］赫伯·里德：《通过艺术的教育》，272页，长沙，湖南美术出版社，1993。

欣美德育活动模式正是为学生们开辟了一条条途径，为德育的学习与践行提供了可能。

(二)活动建设

高新全人欣美德育所开展的活动是在审美理念下开展的一系列德育活动，其目的是让学生在体现美的精神的活动中陶冶情操，充实生命。高新全人欣美德育活动的实施与建设要关注活动的形式与内容、方式与手段、情境与情感三大方面。

1. 形式与内容

德育活动始终关注着德育成效的表现与传达，其终极目的是将德育的内容与形式处理成灵动优雅的德育活动，在一首歌、一幅画、一支舞中，让参与并沉浸在这些活动中的学生自然而主动地接纳这些"美"，即让德育的"价值引导"和教育对象的"主体建构"在活动中达到和谐统一。

德育活动开展的目的不仅是呈现美，而且是要用这些美去发现学生身上的特质，并解决教育中学生出现的问题，让学生在活动中领悟生活中的道理。

主题德育活动是高新全人欣美德育模式的基本活动形式，主要内容是支撑完整人格的基础价值观、基础行为原则和基本习惯。进取、尊重、善良、自由、勇敢等是基础价值观的基本内容。基础行为原则主要包括文明礼貌和待人接物的各种规范。基本习惯涵盖学生的学习和日常生活两个主要方面。

多种艺术教育拓展课程和选择课程是高新全人欣美德育的重要活动形式。在这些课程中，活动形式得以拓展和深化，如以社团专业化、课程校本化、参与全员化、国际与民族融为一体的"三化一体"艺术教育模式等成为高新全人德育的重要途径。新年博雅艺术季、音乐会、美术展、博健体育节、"青青草杯"学生艺术大赛等形式多样的艺体活动成为具有代表性的德育渗透活动。这些活动除了让部分有天赋的学生崭露头角，更重要的是能让全部的学生参与进来，带领他们切身地感受艺术之美，享受被关注的过程，收获丰富的体验，并将这种自信应用到道德品质学习当中。从一年级入校，每个学生都会根据自己的兴趣和特长选择相应的课程，这种基于爱好的选择最大限度上保证了学生对"美"的主动接纳，最大限度保障德育内容与形式的同构同形，实现德育过程从外在强制性转向内在主体性的特点。

2. 方式与手段

高新全人欣美德育反对当前僵化而灌输的德育方法，强调学生在活动中由"美"所辐射而受到的渗透影响。欣赏型德育活动以灵动柔和的活动方式试图淡化机械德育的痕迹，追求德育的潜移默化。

在主题德育活动和以艺术课程、核心节庆活动为主体的渗透性德育活动中，教师尽量淡化作为权威导向的角色，而在关注活动设计后，以隐性的方式刺激学生的道德情感，并帮助他们做出价值判断。当教师以智慧而优雅的方式引导学生学会欣赏活动中的美，学会关爱自己，尊重他人，并随着活动的进行，教师与学生之间会逐渐建立起一种对话关系，在对美的介绍和引导间，学生也会萌发出对活动的好奇与探索欲，因而，师生之间会根据对美的讨论而进行交流与思考，形成平等、自由的教育场域。这种生成性的教育关系折射出了教师高雅的人格形象与人格魅力，而以自然、内化的方式让学生不知不觉中便受到榜样的感染，获得思想教育。

以美育人是高新全人欣美德育的教育宗旨。西安高新国际学校强调给所有人打开艺术的大门，并以此来渗透道德品质的魅力。学校充分利用教学楼走廊的开放空间，为学生设置了三层楼的开放美术展览馆，在这里，通过主题展示和定期展览相结合，学生的各类美术作品或整齐划一，或错落有致，学生徜徉其间、静心品味，艺术之美、创作之美、生活之美直透心底。学校的德育活动特别强调以学生为主体的生成性师生关系。除常规德育活动之外，学校专门开辟了区域，进行"童心童画"个人美术展和"琴声飞扬"钢琴演奏活动，教师和其他学生对展览的优秀作品进行了欣赏和评价。

3. 情境与情感

情境是德育活动的重要背景，在活动操作层面，情境不仅仅指活动内容在主观层面为学生带来了身临其境的感受，其实践性还更依赖物理层面的育人环境。高新全人欣美德育活动要调动学校、家庭与社会的三方力量，并寻求多方教育场域的支持，形成合力的欣赏圈，让每个学生个体在充分完整的教育氛围中认识到自身的潜能，从而主动地改造自己。情感是撬动情境作用的重要支点。活动的成功举行，要取得理想效果离不开情感的共鸣与牵引。对活动的分析与投入，会让身处其中的人不由自主地被牵引到共同的关注圈，通过强烈的情感宣泄与触动，将活动中的美传递给每一个人，从而引发共情。

针对教育现状中社区教育领域关注度不够的问题，学校与附近拥有近10万常住人口的紫薇田园都市社区建立了长期合作，充分利用社区内现有各类教育资源，横向联合，纵向沟通，实现教育资源共享。与社区合作开展由学生志愿者、家长志愿者、教师志愿者以及社区志愿者参与的垃圾分类、文明出行等系列教育引导实践活动，在社区图书馆建立西安高新国际学校"欣美"图书角，募集家长、学生志愿者参与图书的捐赠、管理以及图书角的宣传等各项工作。每项活动开展前采取召开主题大、中队会宣传引导、收集意见建议的方式帮助全体学生立美；采取"全人微讲坛""课前小讲"等方式传美；采取公开征集大力宣传家长、教师志愿者的方式唤美。"让孩子去爱，是给孩子最好的爱。"在爱的付出中欣赏同伴之美、老师之美、家长之美、社区之美。感悟环境之美、文明之美、阅读之美。最终践行道德之美。

（三）活动效果定位

高新全人欣美德育活动聚焦于对当前德育模式的审美化改造，并针对当前学校德育工作中的一些实质性问题，突出解决学生需要，推动学校德育，并力求改变当前学校教育的精神风貌，以培养出具有高素质、高品质的人才。

1. 高质量的学校德育风貌

学校的德育风貌指的是互为表里的两方面，即学生的道德素质和学校德育工作的精神风貌。学生的道德素质是检验德育活动成效的重要评价依据，是一切学校德育工作出发的原点。我们期待具有实践导向的欣赏型活动德育模式，在多样态的活动中，能够让学生在学习、生活、行为习惯、思想信念、待人接物等方面都有着或大或小的积极改变与进步。这些进步可以是学生在STEAM课程后燃起的对生活智慧的探索热情；可以是"七个习惯"学习后建立在原则基础上的思维及产生有效结果的实践；可以是合作式教学关系中形成的尊敬师长的行为礼貌；可以是少先队活动后养成的对仪式和国家的敬畏与尊重……而学生道德素质的提升也离不开学校德育工作的积极转变。欣赏型活动德育模式下，每个活动科学艺术化设计的背后，离不开学校对德育的重视与肯定，也正因为学校德育工作认可并秉持着这样一种教育信念，高新全人欣美德育才能取得成效。当欣赏型活动德育模式全面地展开时，学校便在不知不觉中形成了一个巨大而圆满的教育空间。

2. 互相欣赏的师生关系

在欣赏型活动德育模式中，摒弃以往偏向于约束、规训的师生关系，而建构互相尊重与欣赏的高境界师生交往模式。在高新全人欣美德育的活动模式中，师生之间能够互相从多角度、多层次、多样态的交往层面发现并欣赏双方的优点，而构成师生之间一种舒适又自然的氛围。当师生双方都能够在合作式教学中，带着欣赏和肯定的视角则能够建立一种学习伙伴的新式师生关系。教师则在这一关系中，发挥自己更为成熟和智慧的审美能力，启发和唤醒学生在德育活动中对美的向往和创造。

3. 有灵性的道德生活

欣赏型活动德育模式探寻的是呈现一幕幕充满人生智慧和魅力的生活风景，让学生在丰富的情境中受教育。当德育的内容与形式都进行艺术的审美化处理后，人类文明的智慧之光便能被充分展示，学生也能在这些道德学习过程中，看到并认可人类文明的前进方向，而唤醒自身积极乐观的精神状态。利用这种伟大的人类精神的力量，充满着青春与朝气投入到日常的学校生活中，以克服学生日常行为中出现的冷漠自私、埋怨不满、浮躁消极与厌世懒惰。

4. 有品位的审美能力

高新全人欣美德育的活动模式自身便具有极高的观赏性，值得大家品味与探索。一以贯之的审美原则，让不论是活动形式、内容、组织方式、评价过程等环节都致力于最大限度地呈现德育的内涵之美，以弥补陈旧的学校德育模式的不足，而满足学生们真正的审美需要，在无形中提升德育的境界与效果。在当前浮躁的社会中，错综复杂的社会现象非常容易遮蔽人们的双眼，尤其是青少年，在多元化的思潮中做出真正有价值、有思想的道德判断并不容易，需要他们自身有独立的道德思考和选择的能力。而欣赏型活动德育模式正是为他们提供了一个超越现实功利主义，能够真实地感受美、欣赏美、享受美、创造美的自由空间，而升华他们的思想境界，培养他们有品质的审美能力。

三、途径：高新全人欣美德育的机制

在高新全人欣美德育中，美是教育的活动对象，是学生精神面貌的基点。而美过于抽象与广泛，难以界定，却因其至善而美好，所以值得探讨。各花入各眼，美究竟是什么，至今也没人能给出一个完善肯定的定义。而对美的核心品质没有确切的思考，则毫无疑问在德育的实践过程中会失去方向和底气，我们首先要思考美究竟是什么。高新全人欣美德育依据北京师范大学檀传宝教授对美的本质的解读，将其定义为：美是对自由的肯定，美的精神即主体的自由精神[1]，并将这一至美精神融入德育的各方面机制中，整体上构建高新全人欣美德育在高新全人教育体系中的实施机制。

(一)管理德育：追求永续创新的人本化管理

高新全人欣美德育追求的是超越现阶段略显陈旧和疲累的学校德育模式，追求有高品质、高境界的教育生活，让美的价值和审美的能力从被混乱的社会思想所摇摆的阴霾中重新焕发生机，而培育出有理想、有智慧、高水平的品质人才。因而，在学校管理过程中，秉持着这样的信念，具体表现在两个方面：

一方面，高新全人欣美德育下的管理要在根本上为高新全人教育追求的永续创新服务，持续不断的创新需要一直在学校发展和学生发展中被强化。在学校发展中，高新的"全人教育"必须达到的一条核心标准就是能够不断地把高端的教育思想转化为具体的教育行动。在学生发展中，高新全人教育也需要从管理上保障学生能够掌握不断创新的智慧。另一方面，高新全人管理一定是人本化的管理，把人作为学校最重要的组织资本，突出人的主体性地位，尊重和满足所有师生的正当需求，对所有人进行人性化管理。

在具体的管理实践中，出于和谐自由的高新全人欣美德育的信念，学校重点开展两个方面的工作。一是建立"教育研发部门"居于核心地位的组织架构，在这个组织架构中"教育研发部门"实现与学校主要工

---

[1] 檀传宝：《德育美学观》，82页，北京，教育科学出版社，2006。

作领域的协同创新。二是以人道的方式建设全面人本化的组织管理制度，在这种组织管理制度中各种学校人员的正当需求得以保障，而体现了欣赏型德育突破狭隘德育方式，体现教育内涵的终极关怀这一特点。

(二)课堂德育：培育高品质的合作式课堂

高新全人欣美德育突破辖制的教学关系，代之以自由、平等、开放、和谐为特征的教学关系，而让教学活动更具伦理性，呈现积极有创造力的教育风貌，逐步走向培育高新素养的合作式教学。具体来说，这种课堂教学具有以下特征。

一方面，欣赏型德育教学是培育学生高新素养的课堂。高新素养这里主要是高新少年应该具备的全人格、高德学和新智慧。在高品质的合作式教学中，课堂不再是以知识为唯一选择，而是在具体内容的教学过程中从根本上关注对每个学生进行全人格、高德学和新智慧的培养。另一方面，合作式的课堂教学的实现需要保证教学过程的科学与全面，注重形成以人为本的合作式课堂。合作式课堂的精髓是在根本上承认每个人的智慧，在形式上强调在教师教授之外增加师生合作、生生合作等多种，从而使课堂形式更加丰富。学生在合作式学习中寻找到自身的价值与意义，这也是自身主体性的一种表达。

在具体的教学实践中，高新全人欣美德育教学需要特别关注的要点是：一是结合具体教学内容理解要培养的高素养与高品质，即把全人格、高德学和新智慧融入具体的教学目标中；二是从流程和环节上实现真正合作的课堂教学，即在尊重每个人的智慧和激情中实现教学的合作，承认并发展每位学生的特性。

(三)课程德育：欣美德育的支架

课程德育是欣美德育的支架，通过科学合理的课程设计，为学生德育、家长德育、教师德育提供良好的支撑。

"高新全人课程"横向四个维度，纵向四大领域，一横一纵衍生出两大主旋律课程，即文理兼修的博雅课程——博雅融通人文艺术课程和格物致知科学研创课程。两大主旋律课程融会贯通于四个维度和四大领域之中，成为课程家族的统领，成为学生学习探究的乐园，也成为助推学校内涵发展的动力源泉。同时以学生、教师、家长三位一体的德育课程群把德育教育生本化、校本化、社会化，把德育实践时政化、内涵化、常态化，把家校共育体系化、协作化、科学化。从而用课程的方式落实欣美德育自我觉知、兴趣、担当、好奇、勇敢、顺应力、善良、情商、开放的核心目标。

1. 学生德育课程群

"知道"与"躬行"合一是中国传统道德教育的基本特点之一，我校的学生德育课程群就是通过顺应新时代发展要求，在符合新时代学生发展特点的基础上创新新时代德育工作方式，从而充分发展学生的道德认识、陶冶学生的道德情感、培养学生良好的道德行为习惯。

学生德育课程群以道德与法治课程、班队会课程、全人大讲堂课程、"欣美研中学，童眼观世界"课程、欣美课堂课程、劳动教育课程、阳光心语课程、舞动梦想课程为载体，形成了八系列三十大类课程的有机体。"红色基因，欣美传承"——爱国主义系列课程通过"六一争做新时代好队员""集结在星星火炬旗帜下""纪念日系列""开学礼、毕业礼"等课程着力培养学生的有担当和更勇敢。"魅力文化，畅想欣美"——我们的节日系列课程通过春节、元宵节、清明节、端午节、中秋节、重阳节等传统节日及二十四节气课程激发学生的兴趣、好奇。"欣向阳光，初心不忘"——励志感恩课程通过教师节、感动高新国际人物等各类评优选先表彰活动一级"传承好家训、树立好家规、建设好家风"课程培养学生的善良与担当。"点滴温暖，欣美永溢"——公益志愿系列课程以"实践欣美生活，成长卓越未来"志愿服务课程，"小手温暖,行为传播"公益传播课程、"浓情国际,大爱童行"实践课程和"以榜样的力量照亮欣美生活"综合提升课程培养学生的感恩、有担当、情商。"小手创造,欣美未来"——劳动系列课程通过"欣美点亮精彩,劳动创造未来"系列基地劳动、校内实践课程和"欣美点亮精彩,劳动创造未来"居家劳动课程以及"欣美研中学,童眼观世界"研学旅行课程引导学生养成责任心和兴趣。"法制安全,呵护欣美"——法制安全系列课程通过"学法懂法始于心"学习课程、"守法用法践于行"实践课程、"安全伴我成长,呵护欣美未来"综合课程培养学生的自我觉知、责任、担当。"七个习惯,欣美成就"——习惯养成系列课程从"七个习惯"主题课程、"文明礼仪21天"专项课程等维度培养学生的自我觉知和顺应力。"心有温暖、爱有温度"阳光心理系列课程以"阳光心语"课程、"传递爱,温暖心,你我共成长"课程、"博爱阳光节"课程为载体,培养学生的自我觉知、顺应力、善良、情商。

学生德育是德育体系的重要区块,联结着多方位的德育环节。撬动并联结了全方位的德育途径,是完善学校德育工作,提升德育质量的重要手段。

2. 家长德育课程群

德育课程要调动学校、家庭与社会的力量,寻求多方教育场域的支持,形成合力的欣赏圈,让每个学生个体在充分完整的教育氛围中认识到自身的潜能,从而主动地改造自己。

我校的家长德育课程群以家庭教育指南低中高年级系列课程、融爱大讲堂爷爷奶奶系列课程、全人家长课堂系列课程、种子家长系列课程、家校互动系列课程为载体,形成了"融爱、共情、陪伴"的学习、提升、互助、协作、共育体系。

家庭教育指南系列课程根据低中高不同年级学生身心发展特点给予家长道德形成、习惯养成、行为促成等方面的细致指导。融爱大讲堂课程针对隔辈教育进行针对性引导。全人家长课程结合社会热点、家长盲点、教育要点进行专题指导。种子家长系列课程通过分享培养提升，用种子的力量形成燎原之势，以同伴的视角帮助全体家长提高自我认知和家庭教育素养。家校互动系列课程充分引导家长根据自身特长和兴趣志向等积极参与学生德育课程群相关内容，与孩子共学、同思、齐长。

用高尚的人格爱、用正确的方式爱、用明确的方向爱、用科学的方法爱。家长德育是德育体系的外在保障和内在需求，是德育效果实现闭环的重要环节，保障并推动了德育方法的延伸和德育效果的全方位实现。

3. 教师德育课程群

教师的外在审美形象，优雅得体，潇洒大方；教师的行为情境愉悦自由，永葆教育者的生机与活力。师生间建构互相尊重与欣赏的高境界交往模式，互相从多角度、多层次、多样态的交往层面发现并欣赏对方的优点，而构成师生之间一种舒适又自然的氛围。教师发挥自己更为成熟和智慧的审美能力，启发和唤醒学生在德育活动中对美的向往和创造。

我校的教师德育课程群以时事政治系列课程、师德师风系列课程、法制安全系列课程、传统文化系列课程、融爱沙龙系列课程、专业素养系列课程为载体，形成了"六位一体"的教师德育课程共同体。

时事政治系列课程随势而动，紧扣时政要点、社会热点。师德师风系列课程常态化进行，引导教师以德立身、以德立学、以德施教、以德育德。法制安全系列课程专业全面，涵盖教育教学行为全过程相关法律法规和实践方法。传统文化系列课程以陕西地域文化为依托，博学雅致。融爱沙龙系列课程让教师间潜心交流、深入探究、用心育爱。专业素养系列课程从多方位多角度提高教师专业素养、提升教育教学技能。

教师德育是德育体系的指挥棒，只有教师的认同、配合与引导，德育主体才会方向明确，才能满怀自信与智慧，快乐成长、扬帆起航。

（四）教师德育：永葆生命活力的人生导师

教师是学校发展中不可缺少的核心力量，高新全人欣美德育中，教师作为德育活动的两大主体之一，是实施德育活动的关键环节与桥梁。在对教师的长久的讨论中，对教师有"经师"与"人师"的差别思考。具有专业技艺的教师通常认为是"经师"，或是高水平有技巧的教书匠，而德才兼备，人格高尚的教师才能是人之楷模，即"人师"。

在欣赏型德育中，对教师有两方面的发展要求。一方面，是指教师的外在审美形象，而这又具体分为两个场域。教师作为普通社会成员时，其个人外表要符合其社会角色的言谈举止，而当其作为教师这一角色，站在讲台上时，又多了教师身份外在形象的涵养与文化修饰。因此，教师形象应该是质朴大方、优雅得体的，其举手投足都要体现出教师形象在教育活动中的崇高与和谐，而使其永葆教育者的生机与活力。另一方面，教师的行为情境美。对教育者外在形象的思索并不意味着对教育者的穿着打扮方面有着硬性的规定，规范也不意味着单一，因为欣赏型德育的自由精神，是注重每位教育成员的心灵愉悦与精神自由。当性别、职位、身体、气质、性格等都不同的教育者进入德育工作行列中，其形象自然也是因着德育活动的生动与创造而有所变化。其核心原则是追求教育活动的和谐与美的享受，甚至基于情境创设而偶尔的"出格"，把握好理性与感性的表达，也能达到恪守规范但真实而自由的教育者形象，才能引导学生成为有品位、有追求的高品质少年，实现人生价值。

（五）环境德育

德育活动的顺利开展和效果达成与一定的环境相联系，合理规划的德育环境为德育活动的完成提供了极大的可能性与实践基础。欣赏型德育模式中，环境具有以下两方面主要作用。其一，具有欣赏性的客观环境既能够满足德育活动的实现要求，又深化了德育内涵的创造性与情境感。欣赏型德育模式以撬动学生的情景情感体验为抓手，为学生营造一个自由、享受的空间，将整个学校营造成一个巨大的德育场域，让德育环境变得更加柔和与优美，让学生一进入校园，便能在非刻意的德育场所中领悟体验到这一美的环境对人格的浸润与塑造作用。其二，欣赏型德育模式中对环境的刻画与建立并不仅仅是从物理意义上为学生的精神自由与审美成长打好基础，更重要的是为价值教育的流动性提供稳定的成长空间与深化场地。德育工作的内容是千变万化的，缺乏凝练而有支撑力的教育空间会让德育工作变得虚弱而苍白。美有万千种形态，看似缥缈无形，却具备着直达人内心的坚韧力量与情感撞击，留下难以磨灭的印象。也正是借助这一力量，而能让人们感受到伦理生活中的真善美，这是相通相达的，进而赋予了环境以德育的承载力与发展空间。

第四节　方法与特色技巧

一、德育方法

（一）榜样示范

孩子的模仿性最强，榜样能给他们提供鲜明、生动、可模仿的美德形象和行为模式，使学生在对自己崇拜、喜爱的人物的思想行为的仿效过程中潜移默化地将美德转化为实践。更为重要的是，榜样示范作为一种最民主的思想教育方式，不带任何强化性，通过榜样彰显的美德力量引导核心德育目标的形成，从根本上符合高新全人欣美德育的核心理念和原则，构成了高新全人欣美德育的第一方法。

学校通过开放式美术长廊、班级、年级文化展示等多种方式将学生身边的优秀人物、优秀事迹、优秀作品进行多角度多维度的展示，这样的榜样是学生熟悉的，并不是高高在上的，更让人有一种亲切感，在学习交往的过程中更易接受与学习。

此外，还充分利用教师节、儿童节等节日，结合升旗仪式等多种场合及时对学生、老师中的突出人物、突出事迹进行大力表彰，每年年末在全校范围内设立优秀少先队员、优秀班干部、高新国际美少年、飞跃进步星、读书博览星、劳动实践星、志愿公益星、卫生环保星、艺体科技星九大类十项表彰，获得校级以上表彰学生占到全校学生总数的60%以上。

针对新时代如何践行雷锋精神，学校进行了富有建设性的积极探索：在学生活动方面，用"欣悦"主题队会的形式引导学生从"雷锋精神是我们深藏的宝藏""当代的我们向雷锋学什么""雷锋，这是现在的你吧"等方面结合学习生活实际研讨总结新时代雷锋精神内涵，以短视频、事例的形式学习具有新时代雷锋精神的典型人物、典型事例，畅谈自己身边具有雷锋品质的同学、友人、老师等。用符合孩子年龄特点的主题教育实践活动——"漫话"雷锋、"漫谈"雷锋、"漫画"雷锋，引导不同学段的孩子了解认知和感受新时代雷锋精神的内涵；用思辨的方式总结新时代雷锋精神，并将它牢记于心、落实于行；对全体教工开展以"新时代永不生锈的螺丝钉——做永葆生命活力的人生导师"为主题的道德讲堂、"平凡岗位上最美的你，就是雷锋"活动。在家校共育层面学校开展"我们和孩子一起回忆雷锋"等活动。通过学生、教师、家校"三位一体"的学习、实践，"从现在开始一直到每一天"的常态化主题活动引导全体师生懂得力所能及最朴实，也最有力量；"雷锋，是你，也是我"活动，激励所有人做雷锋精神传播的种子；"以榜样的力量照亮美好生活"着眼于把榜样从一种他律的力量转化为学生自律的力量，从外在的约束力转化为内在的动力。通过学习、讨论、思考、实践等方式引导学生提高精神境界，改变做事方法，将学习榜样变为学生自觉自律的行为。

(二)说服教育

给学生美的示范，启发和引导学生心悦诚服地接受或改变，从而指导学生对美的实践。作为高新全人欣美德育的核心方法之一，这里的说服教育特别强化三个方面：强调在尊重、呵护的前提下以生动、包容、交流与自然的方式疏导心灵，用情感的共鸣引导学生自我觉知；强调正面教育——给学生展示美；强调启发自觉——愿意展现美。

我们所采用的说服教育是一种避免强制灌输，又能引导学生正面价值引领的方法，使美德教育的趣味性和有效性达到和谐统一。结合学校七个习惯教育，无论师生都要先理解别人，再争取别人理解自己。只有诚心去了解、聆听别人，才能开启真正的沟通，增进彼此的关系。借助绘本进行说服教育法：小学生对大道理不易理解，也很难找到自身的不足，所以借助绘本学习，从故事中让学生联系自身生活，真正了解其中道理。如绘本《我有友情要出租》引导学生在和朋友相处的过程中，要理解他人，学会换位思考。通过绘本学习，引导学生在讨论的过程中相互说服。利用课前小讲、班会、微班会、全人微讲坛等形式请学生用自己的亲身经历对同伴进行说服教育。避免了在说服过程中常常出现的批评和教训对方的口吻，让学生易于接受。

学校在进行说服教育时，特别注意从爱护和关心学生出发，抱着尊重和信任的态度，设身处地地为学生着想，循循善诱、推心置腹，注意说服时内容、表述的方式生动有趣，让学生喜闻乐见，留下深刻的印象，让看似枯燥严肃的说服变成一种明智又灵动的、学生乐于接受的美德体验。

（三）实践锻炼

作为高新全人欣美德育方法的实践锻炼特别追求过程中的审美，以美来引领实践锻炼方法的方向和实施。在一定程度上可以说，实践的过程其实就是审美的过程，让学生在"美"的实践中认识美、感悟美、拥抱美、追求美、创造美。学校实践活动的设置以"健全人格"为出发点，从培养学生兴趣与担当、好奇与勇敢、善良与情商等核心目标，帮助学生树立正确的世界观、人生观、价值观，使学生在实践中获得美德体验，提高实践能力、创新能力和主动适应社会的能力。

学校开展的实践活动，从意义到过程，从行动到小结，每一个方面都充分调动发挥学生的主观能动性。活动开展前运用多种方式，让孩子感知美、认识美。活动过程中放手让学生发挥主观能动性和集体智慧，对活动提出自己的设想，并在教师的指导下实践美。活动结束后及时总结评价，提升美，善始善终地落实活动的育人目标。

博雅艺术节活动的开展，培养了学生的审美情趣和人文素养；博创科技节活动的开展，既提高了学生们动手能力又培养了学生们的创新精神；博健体育节活动的开展，强健了学生的体魄，锻炼了学生的意志；阳光节活动的开展，促进学生心灵阳光健康；家政体验活动的开展，培养了学生热爱生活、热爱劳动的品格；亲子共读活动的开展，陶冶了学生的情操，提高了家庭的品位；研学活动的开展，让学生们在行走中感知、探索美，与时代共成长；假期实践活动的开展，让每一个学生通过温暖的小手为公益贡献力量，感受与传递爱；丰富多彩的社团活动则助力于学生全面、可持续、富有个性的发展，在实践活动中引导学生开阔视野，发现、实践和创造更多的美。

（四）品格养成

高新全人欣美德育重在让学生发现自我、认识自我，从而不断地切实提升品格。在整个品德形成过程中，形成一种自主、自觉、自动、自悟、自省的品格养成机制。古希腊哲学家、文艺理论家亚里士多德说:"人的行为总是一再重复。因此卓越不是一时的行为，而是习惯。"蕴含高位品格的习惯对我们的生活有极大的影响，因为它是一贯的，在不知不觉中，经年累月影响着我们的品德，暴露出我们的本性，左右着我们的成败。"高新全人教育"特别强调学生完整人格的培养，这既是出发点又是归宿。

走进学校，遇见的每一个师生都洋溢着自信的微笑、大方问好，以实际行动表现着爱与善。他们积极主动，为自己的过去、现在、未来的行为负责；他们做出承诺并信守承诺，确定目标并付诸实践；他们行动前展望结果，知道自己担负着不同的责任，懂得兼顾全局；他们懂得成功是赢，失败中的成长也是赢，学会找到实现结果的各种可能途径；他们心胸开阔，以接纳的心态尊重差异，体会创造性合作带来的成功；我们给予孩子的一定不是急功近利的东西，六年时间，我们要给他的人生作积累，我们所培养的孩子应该是具有高修养、新视野，高技能、新思维，高审美、新情趣，高意志、新气质的高新少年。

在西安高新国际学校，还活跃着一群少先队大队干部和中队干部，强烈的责任感、使命感和领导力在他们身上也体现得淋漓尽致。他们清晰地向师生、家长表述他们的价值和潜能，并且激励其他人也看到这些。他们用正面、积极的态度影响所有的同学发挥自己的领导力，扩大自己的影响力。帮助每一个人发掘自己的独特天赋，成为生活领导者、学校领导者、未来领导者。他们走出校园与社区携手，让学校、家庭、社区教育有效衔接，开展文明志愿服务，以"分类回收，环保在行动""斑马线，礼仪线""无烟世界，清新一片""小小狗绳系文明"等为主题开展学校及社区文明宣讲和实践活动。时时处处良好的个人素养不但彰显着高新国际学生的素质，也传递着一种有作为、肯担当的优秀接班人的魅力。各种高新全人欣美德育活动的开展，有效引导和促进学生们品德自我生成与发展，美德体验真正走进学生心灵、引导心灵、感化心灵。

习惯养成不是德育教育的全部，但却是高新全人欣美德育中最能"看得见"的部分，是德育的"质"的指标。我校着力进行以"七个习惯"为重点的养成教育，师生面貌日新又新。

学校邀请全球知名绩效改善培训机构对领导团队及教师进行了"七个习惯"项目培训，又对1~6年级七个习惯核心教师团队成员进行了主题培训，指导各年级核心团队成员教师认真领悟、主动践行，以点带面、示范引领。将"七个习惯"的原则和理念植入实践活动和课程中，师生携手开展各类德育活动，坚持学生的习惯培养，跟踪习惯养成，对学生开展"润物细无声"的德育教育。

一是以"七个习惯"为主导，结合学生特点着力打造特色班级文化、建设特色班级。全校95个班级紧密围绕"七个习惯"精心设计、合理布置，用通俗易懂的语言与形式突出班级特色。

二是进行以《杰出青少年的7个习惯》为主题的常态培训，以大队干部为点，辐射全体学生详细了解"七个习惯"的具体内涵和意义，以及在日常生活中的具体实践。认识领导力以及高效能原则的内涵，有意识地运用"七个习惯"思维解决问题。将"习惯培养"评价贯穿孩子的学习生活中。积极开展习惯养成教育活动，在个人学习，生活管理及同学、老师交往中持续强化和巩固已养成的好习惯，同时将不断培养新的好习惯的孩子作为榜样。

三是将"七个习惯"原则同《心理健康教育》等课程进行融合，让课堂内容更有深度，更有层次，发掘每个孩子的独特天赋，让孩子为未来生活做好准备。

"如果想要得到小小的改变，只需要从行为入手。如果希望看到质的变化，请从思维入手。"全校师生正在以"七个习惯"的思维认识问题、面对问题、解决问题，养成习惯。

(五)自我教育

高新全人欣美德育强调学生内在的品格追求，强调对自我品格的省视和修行，因此自我教育构成了方法体系的一部分。自我教育是受教育者在教育者的积极引导下，在自我意识发展的基础上，为形成高尚的思想品德而自己要求自己，自觉实现思想转化和行为调节的活动。

1. 培养学生自我意识

学校十分注重学生的主体性，所有的教学及德育活动都围绕学生展开。师生之间相互关怀、关系平等、相互尊重。这种平等、民主、共享、自由的氛围为主体之间展示、发现和发展自我提供了空间，促使主体之间更好地认识自己、调整自己，形成完善的自我意识。优美的校园文化环境有利于学生健全自我意识、塑造健康人格。在全校创设高新全人教育的校园文化"场"效应。学生在整洁美观、风景宜人的美丽校园中油然产生审美愉悦，于无形中敦促自我修炼、养性怡情。同时，优良的校园文化环境又如同巨大的场，使得每一位学生能在一种无形的约束力下，自觉按照这种"场"效应来控制和修正不良意识和情绪，积极进行自我反思、自我批判、自我改造、自我发展。另外，学校注重创设校园微观文化环境。教学楼内的艺术长廊、教学区内每个班级的文化墙，在"润物细无声"的氛围中引导学生的思想健康发展，让无形的文化环境成为学生陶冶情操、净化心灵、规范行为、自主发展的助力器。

每周开展的"全人大讲堂"为学生带来新知、每学年的研学旅行为学生注入活力，"博融人文节""博智数学节""博创科技节""博雅艺术节""阳光节""525心理健康活动周"等节日活动使学生们的校园生活丰富而又美好。教育的内容与形式已经成为"一幅美丽的画""一曲动听的歌"，与这幅画、这首歌相遇的每一个人都在"欣赏"中自由地接纳这幅画、这首歌所表达的价值内涵。不仅如此，这些活动也促进了学生之间的交往，使学生在人我交流与合作中学会发现自我、评价自我、调控自我、完善自我，从而健全自我意识，超越旧我，建构新我，促使自我意识的发展。"与其超越别人，不如超越自己""能超越他人的人，不能算是真正优秀的人；能超越自我的人，才是真正优秀的人"。

2. 发挥教师的示范作用

教师在日常工作中把自己的敬业精神、积极进取的自信、高尚的思想品质、乐观向上的处世态度传导给学生，把自己良好的自我意识渗透到实际教学过程中，发挥自身的示范、调节、矫正作用，对培养学生具有良好的自我意识起到潜移默化的作用。教师充分发挥民主性，尊重学生的个体差异，因材施教，在改进教学方式的同时，把微笑和鼓励带进课堂，让每一位学生在课堂上都能感受到自我成长的快乐，课堂上的平等、和谐，营造出了培养学生自我意识的良好氛围。在教学的过程中，教师与学生、学生与学生之间相互参照、相互交流、相互影响、相互促进，从而使学生学会正确认识自己，进行自我教育。

每一个教师都告诉孩子：这个世界比你想象的大得多，你们养成好习惯，就会变得不同；每一个教师都用自己的行动来转变学生，始终在尽最大的努力，对学生的潜力进行一些挖掘，让学生释放他们的潜能，引领学生自己的生活。每一个教师都用自己的言行、用自己面对生命的态度，去爱、去影响学生。让自由和美好的光芒照射到每一个参与教育过程的人，无论是教师还是学生，都让他们不仅"心向往之"而且有足够的动力去努力追求最美丽、最自由的人生。

3. 把心理健康教学作为培养学生良好自我意识的重要途径

学校自编的心理健康校本教材《阳光心语》主要是以《中小学心理健康教育指导纲要（2012年修订）》为基础、高新全人教育理念为核心、"七个习惯"为指导进行编写，将心理健康教育指导纲要中的六个维度与"七个习惯"相融合，培养具有健全人格的高新少年。

在一年级至六年级的《阳光心语》中，以发展学生自我意识为教学目标的课程有：

一年级：《我是小学生》《可爱的我》《我的班级小主人》

二年级：《我喜欢这样的自己》《夸夸我自己》

三年级：《别人眼中的我》《我的兴趣爱好》《男生女生都美好》《我能行》

四年级：《我有我的精彩》《我的自画像》《我的未来我做主》

五年级：《开发我的潜能》《真实的自己最可爱》《青春起跑线》

六年级：《扬长也容"短"》《我的理想不是梦》

高新全人教育理念以培养学生的完整人格为目标，通过各种途径使学生的自我意识得到发展，使其形成人的全面发展理论所要求的健全的人格素质。为学生的成长设定健康的学习榜样，丰富其社会经验，向学生传输社会主流价值观念和评价自我的正确方法，培养健康向上的积极情感，努力使全体学生都能够用正确的方法与途径去认识自我、肯定自我、发展自我。

(六)品德评价

高新全人欣美德育既强调始发的品格提升行动，又强调品格现状的反馈性激发，品德评价由此构成了一个核心的方法。高新全人欣美德育品德评价是一个多元化的评价体系，有学生自评、互评，家长评价，教师评价等多方参与的评价方式。曾子说"吾日三省吾身"，就是一个自我评价的过程。学生通过对自己行为的反思，不断调整自己的行为，达到自我约束，自我提升。自评能够不断强化自身的积极因素，克制自己的不良行为；生生互评不仅能认识自己、认识他人，还能促进学生之间的交流与合作，能较客观、全面，起到互相监督的作用，有利于督促学生养成良好习惯；家长评价能起到家校沟通，促进学生良好习惯，同时促进家长榜样示范作用；教师评价能更进一步地督促学生养成良好的习惯。多元化的评价形式，使学生明辨是非，更好地促成学生养成良好的行为习惯。

评价中注重学生的全面性,既关注学生的知识和技能,又关注过程和方法、情感和态度,接受学生之间的差异性,尊重差异,创造展示学生闪光点的平台,着眼学生的全面发展,体现我校"全人化"的教育理念。例如,结合每月的德育主题开展不同的德育活动,充分利用开学典礼、升旗仪式等多种场合表彰在活动中表现突出的学生,奖项有高新国际美少年、飞跃进步星、读书博览星、劳动实践星、志愿公益星、卫生环保星、艺体科技星等,获得校级以上表彰学生占到学生总数的60%。品德评价中有对科学文化知识的表彰,有对良好行为习惯的表扬,有对学生艺术、体育等不同方面多角度的评价,全面提升了学生的综合素质。学生的行为习惯和思想意识等都得到了较大的改变。让每一个学生充分享受到充满生机的教育,让每一个学生带着梦想飞得更高更远,彰显了我校高新全人欣美德育的特色。

（七）集体教育

高新全人欣美德育强调学生的主体性和自我超越,学生的主体性和自我超越既以个体形式又以集体形式存在,集体教育由此成为常用的方法之一。公共精神,是成为"时代新人"的需要,更是健全人格的重要内涵之一。对小学生而言,学校就是一个微型的社会领域,而班级这个以尊重为前提,成员间平等交往的集体是学生活动最经常、交往最密切的地方,是学生由个体生活领域向公共生活领域过渡的主要平台。西安高新国际学校特别重视通过集体教育和班集体建设培养学生的公共精神。

1. 以班级特色文化为突破口

全校各年级紧密围绕"七个习惯"进行精心设计、合理布置,抓住学生年龄特点,用通俗易懂的语言与形式突出班级特色,突出内在美,着重凸显在"高新全人教育"指导下的所有努力形成的班级核心品质，把核心品质内化在学生的思想上、落实在学生的行动上。通过提出议案、讨论协商、达成共识三个阶段拟定个性化班级名称、班级口号、班级公约，以及张贴在教室内的班级文化宣传教育材料等展现外在美。让学生在"美"的文化氛围中发现美、认识美、欣赏美、感悟美、拥抱美、追求美、创造美，进而在潜移默化中培养学生完整人格。

2. 班级关系明确

班主任是班级公共生活的引导者，学生是班级管理工作的核心。

在西安高新国际学校，班集体生活是开放的，关注的是作为班级生活主体的全体学生。

(1)班干部民主推荐选拔。从准备、竞选以及具体的活动过程等方面鼓励每个学生积极参与，班级全体学生都有具体明确的职责分工。班级工作事事有人做，学生人人有事做，每个学生的能力都能得到锻炼和提高。

(2)班级常规工作、日常活动学生自主管理、自主组织，作为班级引导者的班主任尽可能多地搭建各种舞台，根据实际情况动态调整，创造更多的机会培养和发掘孩子们的潜力。以班徽、班级口号、班级公约、班级名称征集活动为例，学生在班主任的指导之下自主讨论、设计，如六年级以树为主题，学生根据本班特色选择具有不同象征意义的树木作为自己班级的名称，炽烈的凤凰树、手拉手的白杨、热情如火的红杉、积极向上的松树、永远向上的橡树等。四年级学生在充分探究的基础上以昆虫为主题命名班级：蚂蚁兵团、毛毛虫中队等。一年级学生在教师的引领下以花为主题给班级命名：小葵花、风信子等，每一朵花都有自己的含义，每一个班集体都有自己的凝聚力。学生也发挥自己的聪明才智围绕"杰出青少年的七个习惯"主题给班级制定口号，如积极处事，以终为始；统合综效，不断更新；知彼知己，要事第一；等等。

(八)主题讨论

高新全人欣美德育强调对品德的美丽欣赏,品德的美丽常在共同关注的主题中通过讨论来呈现,主题讨论由此成为常用的方法。学校将主题讨论作为活动德育、学科德育、课堂德育、教师德育以及年级、班集体建设的基本方法之一。活动的开展、学科教学的实施等都是在主题讨论的前提下师生共同确定"美"的主题、讨论美的展示、延伸以及实践,从而获得最佳方案、努力取得最佳效果。为此,每个学科每周都安排有固定的全学科教研和跨学科全景教研时间,针对班级管理有一节课的全校班主任教研时间,确保讨论时间的充足和有效。

在具体的德育过程中,主体讨论的开展更是随时随地的:各类活动开展前引导学生"以终为始"讨论活动的目的、过程如何充分展现具体的"美";具体事件发生时引导学生"主动积极"认识事物、明辨是非;学生发生问题时引导学生平心静气讨论如何用欣美的态度去对待周围的人以及去塑造自己的有灵性的美德性格和美德生活……在我校常态化开展的"小手温暖社区,行为传播文明"社区公益活动中,学生通过主题讨论明确目标、制订方案、策划实施、调整完善,收获满满;各类讨论中教师鼓励学生独立、深入思考,引导学生从注重知识转变为注重能力;在双向交流中引导学生深入角色,独立思考,培养发现问题、分析问题、解决问题的能力,从而促进学生自觉选择有道德的生活和有意义的生活方式。

二、特色德育技巧

(一)榜样选择技巧

榜样的美德一方面能引导受教育者学习美,另一方面也会使受教育者接受榜样美的感染、熏陶和激励。榜样对于学生美德的形成具有极强的指导性，在西安高新国际学校，每个人都是某一方面的榜样，所以榜样的美无处不在，榜样的力量随时随地都在浸润每个孩子的心灵。在榜样的选择上，学校特别注意以下几个方面的技巧。

1. 典型性

树立的榜样有明显易辨美，对期末各类"星"的评比和表彰就紧紧抓住榜样同伴身上最突出的美，引导全体学生学习。

2. 可学性

树立榜样目的是让学生学习、效仿，学校特别注意从学生身边选择大家能够看到的，通过学习就能模仿或学习到的榜样，这样的榜样不是十全十美的但触手可及。在学校，每个学生都是某一方面或者几个维度的"领导者"，而这一角色的设定就是根据学生平时的表现和自我期待通过自主、讨论确定的，而每一个"领导者"对于学生而言都是身边最真实的榜样。

3. 针对性

在平常的教育中，学校特别注意结合德育活动和学生特点，有针对性地树立榜样。如校服穿着、见人主动问好、上下楼梯靠右行、随手捡拾垃圾、清洁工具摆放、垃圾分类等习惯都结合实际问题通过拍摄视频、图片或者利用各类教育契机对优秀班级、优秀学生进行展示、表彰，有针对性地树立榜样。

4. 有时代性

时代在前进，社会在变化，教育学生也应具有时代性、与时俱进。如高年级学生喜欢"追星"，学校专门引导学生以"这才是我们应该追的星"为主题进行讨论分享，观看"感动中国年度人物颁奖典礼"，树立正确的价值观和人生观，让学生知道有付出才有收获，让学生知道无论是扎根中国大地的科学家，分毫积攒、千万捐赠的退休老人，担起乡村未来的"80后"教师，还是"两弹一星"的功勋，我们每一个人都能从他们身上汲取前进的力量，这才是我们最应该追的星。

(二)实践活动设计技巧

内容丰富、形式多样,设计精美的德育实践活动能够延续、强化和巩固学生审美体验,促使学生将审美结果转变为具体的美德行为。把健康、积极、向上的道德规范转化为学生内心的完全自觉和行为的完全自主。实践活动的设计必须贴近学生生活、心理特点,这样才能让美丽的德育在学生心中扎根,在实践中成长。

基于以上原因,西安高新国际学校将实践活动细化为"三爱"教育类、环境保护类、文化传承类、科普教育类、爱心传递类、成长规划类六大类十余项具体活动。通过调查走访、观察分析、实验研究、资料收集、数据统计、感悟体会等多种方式将"高新全人欣美德育"理念转化为学生的实际行动。

遵循立美、审美、践美的原则,在实践活动开展前通过丰富的形式引导学生立美。如针对研学旅行设计专门的《手册》,其中包含学生通过提前收集资料对研学对象"美"的具体方面的了解、认知。在实践活动过程中用多种方式引导学生审美,如研学过程中采取多种形式(思维导图、图配文、美篇、PPT)对"美"的所见所闻进行记录。实践活动结束后采取讨论、分享的方式引导学生充分表达对"美"的感悟、积极分享美德收获。

"实践出真知"。在西安高新国际学校,德育实践贯穿德育教育始终,活动前的调研、方案制定,活动过程以及结果测评、感悟提升等环节均引导学生参与、实践。以召开"少代会"为例,各中队选举的代表在参会前会以代表团或者小组为单位,在充分听取少先队员意见、积极调查研究的基础上形成提案,在大会前提交秘书处;经过审查的提案会转交学校有关部门;各中心会和提案人积极沟通,充分听取意见,根据实际情况进行落实、反馈。全过程少先队员代表均参与其中。民主、平等、和谐的管理氛围和学生作为主体积极、主动为学校发展建言献策的意识在实践中形成和发展。

(三)班规制定技巧

班规是班级德育效果、学生公共生活的制度保障。在西安高新国际学校，班规来源于学生的主题讨论，落实在学生的实践活动，是师生共同的准则。只有通过学生自由选择，价值才会被学生真正珍视。每一个班的班规都是在提出议案、讨论协商、达成共识基础上师生共同的约定。由班干部充分征求学生意见讨论起草，班长整理后班主任整体把握，指出不足，提出修改建议，召开主题班会，全班共同审议修改。全班学生统一认识，充分认可后颁布执行。每学期班规会根据学生的学段、年龄特点以及班级实际在民主的基础上进行合理的修订完善，确保西安高新国际学校每一个班的班规都是公开、面向每一个人的；是公正，保证每个人的利益不受侵犯的；是公约，并在公共协商的基础上形成的；是公意，反映全体班级成员的公共利益；是美的标准，让每个成员都有明确的美德追求。正因如此，全班每一个学生都有意愿成为班规的坚定维护者，都会努力用美的行为捍卫班级的尊严。

第六章 成就教师完满发展

英国哲学家弗兰西斯·培根说："教师是知识种子的传播者，文明之树的培育者，人类灵魂的设计者。"教师是学校发展中不可缺少的核心力量，是人才培养的关键所在。一方面，高新全人教师是永葆生命活力的教师；另一方面，高新全人教师是学生的人生导师。高新全人教师在根本上是培育人的教师，是引导学生朝向具有完整人格的"高新少年"方向发展的教师。"师者，所以传道授业解惑也"是唐代韩愈对教师的解读，"千教万教，教人求真"是陶行知先生对教师的理解。高新全人教师则是在热爱教育事业的基础上，从教师品德和教师能力双向努力，做全人本、高品质和新智慧的教师。

第一节　永葆生命活力，做学生的精神益友

"教育是迷恋他人成长的学问"，教师就是迷恋他人成长的守望者。现代社会科技迅速发展、知识大爆炸等在给教师带来便利的同时，也对教师提出了更多的挑战。如果仅仅把教师当作一种谋生的职业，只把学生的高分当作谋求自己功名的工具，势必会导致教育的腐坏，最终也会影响整个社会公民素质的提升。因此，高新全人教师最重要的便是秉持对教育的热爱，对"他人成长的迷恋"，做迷恋他人成长的守望者。没有教师对教育发自内心的热爱，一切便成了无源之水、无本之木。

一、教师：太阳下面最光辉的职业

苏霍姆林斯基说："教师的教育劳动的独特之处是，为未来而工作。今天在孩子身上所培养起来的，要在几年之后，甚至是几十年之后才会成为一个成熟人的公民性、道德和精神面貌的因素。"高新全人教师是要在充分认识这一点的基础上，来审视自己所从事的教育事业的。教育是一个慢动作，不能急于求成，尤其对于小学教师，在一个学生身上所花费的心血可能要经过学生自己的成长，经过诸多教师的打磨，经过二十年、三十年或者更长时间的积淀才会显现出来。高新全人教师仅仅认识到教育事业的独特性是不够的，还必须从这种独特性中发掘出工作意义和价值。教师对教育的热爱就是追寻意义和价值的动力，教师在爱的付出中实现了自我价值和社会价值的统一。"十年树木，百年树人"，教师所做的事正是一件有功于百年大计的事业，是一件功德兼备之事。

用心去爱

李喆

教育需要爱，要让学生心中充满爱，首先教师心中要充满爱，用爱去感动学生，感化学生，这也许就是教师的人格魅力吧。正如陶行知所说："教育是心心相印的活动。唯独从心里发出来的，才能达到心的深处。"

上学期，我再次迎来了一群稚嫩的小鸟——一年级的新小伙伴。我像呵护幼苗、呵护婴儿一样地爱护着他们。孩子们毕竟太小，无论什么时间、什么地方，好像到处都有他们叽叽喳喳似鸟儿般的欢闹声。中午睡觉时分，教室里一时半会儿总是难以自行安静下来。我走进教室，有少许安静了，大部分却无所顾忌，视而不见。我也不说话，静静站在讲台上，以期盼的眼神望着他们，耐心地等待着他们。"此时无声胜有声"，不少孩子注意到我的神态了，立刻坐端正，闭上小嘴，零星的说话声也渐渐没有了。直至完全静下来，我微微一笑，做了一个伏在桌上的动作。大家都赶紧开始准备睡觉了。我见时机已到，就说："哟！大伙儿真乖，请闭上眼睛。"我用轻柔的声音继续说："请跟着老师想象吧！展开翅膀，我们来到大自然。瞧，蓝蓝的天，碧绿的海，一只雄鹰在高远的天空下飞翔，一艘小船在浩瀚的海面上行驶。它飞呀飞，越飞越高；它漂呀漂，越漂越远……"我的语速渐渐慢了，声音渐渐小了，"天是那么高那么蓝，海是那么绿那么宽……"许多小朋友都已发出轻微的鼾声。我和孩子在进行着心灵的交流。

"教育的核心问题是人格的塑造，而教育的艺术则在于习惯的养成。"午睡一直都是一些小学生不情愿的事，也是老师颇感头痛的问题，以后我经常变换故事内容，有时就讲刚学过的课文，渐渐地，孩子们习惯于伴着故事进入梦乡。我以这样的方式使学生有了一个良好的午睡习惯，更重要的是孩子们和我更亲近了。

我不禁想到一首诗：

如果孩子是鸟，

你就是天空。

如果孩子是鱼，

你就是大海。

如果孩子是花，

你就是春天。

爱使我苦中有乐，爱使我不断学习，爱使我多才多艺，爱使我与孩子一起成长。

为师者的幸福(有删减)

任晓华

在我的抽屉里至今保存着一张卡片，每当看到它我的思绪就被拉回到那一天。那一天我如往常一样早早来到学校，打算整理好教学用品后就到班上去。当我刚走到三楼时，忽然，我发现我班上的孩子神秘兮兮地关着门，每个在教室门口进进出出的同学脸上都洋溢着喜悦。这些小家伙在干什么？

我刚打算进教室看个究竟就见张欣和万超笑嘻嘻地跑来，他们一前一后拉住我，说："老师，你等会儿再去班上，好吗？我们还没准备好呢！"话音刚落，又从教室门口探出一个小脑袋，喊了一声："可以了！"两人立刻转身，做了一个"请"的手势："老师请进！"

呵，葫芦里卖的什么药？我一步跨进教室，迎来一阵热烈的掌声；教室也布置成过节的样子，彩带、气球装点着教室。不待我在讲台上站定，全班同学不约而同地鞠躬，齐声道："祝任老师生日快乐！"幸福像潮水一样涌来！迎着一张张可爱的笑脸，我虔诚地俯身，还他们一个鞠躬，脸上绽放难以自抑的笑容。我说："谢谢大家！可是，你们是怎么知道我的生日的？"大家笑得更欢了，班长王慧芳笑着站起来说："任老师，你还记得那次我们问你一道奥数题吗？我们就是通过那道题推断算出来您的生日是今天！""哦，原来是这样，怪不得他们那天神秘兮兮的，原来是早有预谋！"一些调皮的男生喊着："老师，你看看黑板！"我扭头一看，眼前一个绚烂的世界——鲜花簇拥着四个彩色大字"生日快乐"，三朵鲜红的茶花错落有致地粘贴在黑板上，花茎上的绿叶把它们衬托得更娇艳。黑板左侧用黄色小字写着"祝老师生日快乐"，右侧则是一句祝福语"祝老师天天开心，万事如意"。

哦，多么可爱的孩子！无言的感动中，我的眼睛湿润了。从来不曾奢望作为老师而给予学生的爱能有什么回报！我望着我的孩子们，不知说什么好。

在全班同学的掌声中，中队长莫莜捧着一束鲜花向我走来："老师，我代表全班同学祝您生日快乐！请记住我们和您一起度过的快乐时光！希望您像这束花一样永远年轻、漂亮！"我郑重地收下这份礼物，微笑着对我的孩子们说："谢谢大家的礼物。感谢你们带给我的惊喜！和你们相处，真的很快乐！一辈子都将记得今天这一幕！"

谁说教师是一种清贫的职业？我们的幸福和富足，是别人无法体会的！

二、教师：向着完整人格努力

"尊重孩子的生命，为孩子的终身发展负责"是西安高新国际学校一切工作的出发点，又是一切工作的落脚点。学校的教育不仅要立足于孩子的现在，而且要关注孩子未来的成长和发展。让教育真正能够成为培养人、成就人的伟大事业，高新全人教师是这项教育事业的第一资源和核心要素。陶行知说："要学生做的事，教职员躬亲共做；要学生学的知识，教职员躬亲共学；要学生守的规则，教职员躬亲共守。"高新全人教育注重涵养学生的完整人格，那么教师就更要做向着完整人格努力的人。如果教师的人格不健全，那么又怎么能希求培养出人格健全的学生呢？教师本身在不断向着完整人格努力，才能在学生完整人格发展上起到有力的作用。孔子有言："已所不欲，勿施于人。"高新全人教师要能够在人格上面追求健全，在品性方面追求卓越。

我的教育故事（有删减）

史文琳

有人说过这样的一句话："老师不经意的一句话，可能会创造一个奇迹；老师不经意的一个眼神，也许会扼杀一个人才。"

一天的语文课上，当我讲到"我相信我们每个同学身上都有自己的优点"时，一名学生竟然情不自禁地脱口而出："老师，我身上有优点吗？"我听了这声幼稚的发问，心里感到一颤，循声而去，哦，原来是张振伟同学。这时他的眼神充满期盼，脸上露出疑惑，望着他一脸的纯真，我马上说："张振伟同学，你身上怎么会没有闪亮之处呢？你热爱劳动，还有诚信的可贵品质。"当我表扬他拥有诚信时，不少学生马上举手反对，纷纷指责他言而无信，还列举了许多事例说明。但我依然为他据理力争：一次放学，我请张振伟留下补写生字，但临到放学时，突然有家长找我谈事情，张振伟找了我好几次都没找着，于是写了张留言条，说是第二天一早到校马上交作业。第二天一早，我刚踏进办公室，他就来交作业了。可见，他是个诚信的孩子。尽管他做过不诚信的事，但只要诚心改过，依然值得大家信赖。学生们被我的话打动了，没有再站起来反驳了，这时张振伟低下了头，似乎在反思，似乎在为以前所做的错事感到惭愧。

下课回到办公室，我也在反思：这个孩子一向自卑。由此想到：一个总是低着头、弯着腰走路的孩子，他的骨骼必然会变得弯曲；同样，一个自卑的孩子，在人前人后抬不起头来，他的心灵也必然会出现不同程度的扭曲。孩子，需要昂起头来走路，需要昂起头来做人，我感到这是多么重要！课后，我找他谈了话，要让他学会面对现实、接纳自己，并善于扬长避短，发挥自身优势，找到属于自己的快乐。

有一天的语文课上，我欣喜地发现张振伟勇敢地举手发言了，尽管他所答的问题很浅显，很简单，但他能站起来，能主动发言了，可见他的心里开始拥有阳光了，虽然只是点点的阳光，但我相信，从今以后张振伟不再是低头弯腰的孩子，一定是个抬头挺胸，坚强而快乐的孩子！

温和友善，胜于强力风暴。教师一个灿烂的微笑，一个赏识的眼神，一句热情的话语都能拉近师生间的距离。

三、教师：作为学生的精神益友

《学记》中提到"学然后知不足，教然后知困。知不足，然后能自反也，知困，然后能自强也"。教师与学生是相互感应、相互作用的关系，二者都是教育中的重要主体。正如韩愈在《师说》中说的"弟子不必不如师，师不必贤于弟子。闻道有先后，术业有专攻，如是而已"。在当今这个信息发达的社会，教师想做知识的专权者不仅不符合教育发展规律，而且也是不可能实现的。高新全人教师是学生精神上的朋友，是学生学习的支持者。美国实用主义哲学家杜威说："教师在学校中并不是要给儿童强加某种概念，或形成某种习惯，而是作为集体的一个成员来选择对于儿童起着作用的影响，并帮助儿童对这些影响做出适当的反应。"教师在教育中首先应该认识到自己和学生的关系，不能仅仅把自己看作知识的权威，而更多的是能够认识到学生是发展中的人，把自己当作学生的朋友，而且是能够在关键时候提供帮助和建议的益友。

教育中的博弈艺术

屈睿

很多时候教育就是一种博弈，老师们都这么认为，因为我们面对的小精灵都有思想，有性格，有话语权，有行动的能力，我们只有在博弈中动脑动情，才能走进他们的心，接近问题的根源，最后解决问题。这个过程是漫长的，有趣味性的，值得回味的。

我刚接触这帮一年级小孩子的时候就马上注意到了小佳，因为他是个大眼睛很机灵的男孩子，最引人注目的是他的小脑瓜后面有一撮小辫子。可能先入为主吧，我以前没有带过这样的孩子，但依照中国传统，这个孩子很受父母、爷爷奶奶的宠爱，而且不是一般的宠爱，第一感觉，性格应该很"特别"吧，现在的孩子都很受宠，都有性格，但愿我的考虑是多余的。

入学初，他还是很认真努力的，竭力讨老师的喜欢，但渐渐地我就发现了问题，他每次听到表扬就一副美滋滋或者得意的表情，马上忘乎所以地"张牙舞爪"，但如果受到了批评就马上撅起了嘴，这一刻，老师就不再是老师了，仿佛变成了他的仇人一样，眼珠儿一瞪，一脸的不配合。这么小的孩子还不懂得自己是学习的主人，只要老师批评，我就不给"他"学了，只是看到老师严厉的眼神，小家伙不敢和我大动干戈而已。我头疼不已。

几次"较量"下来，我都是静观其变，没有退让，但也绝不乘胜追击，只是冷静地看着他，我们谁都没有赢，我总觉得孩子还小，如果孩子偏激地以为老师不喜欢他，可能对他小小的心灵不好吧。

但渐渐地，我们熟识了，可能在他的内心，我就这么几招，所以他的"狐狸尾巴"也露了出来，下课打闹，甚至玩一些危险的游戏，我总是提醒、讲道理，提醒、讲道理，过了几天没有任何效果，我把他和他的小伙伴拦住，留在讲台上，我在讲台下和他们平视，严厉地批评，其他孩子明显紧张地低下了头，只有他一脸不在乎，看着我，发觉很多同学都在底下看着他们，别人笑，他也笑。这孩子不知道害怕，让我的火一下上来了。你不怕，好，我说："老师说了，老师教育过的小朋友还是在外面玩这么危险的游戏，就要把他交给学校里专门管课间安全的老师，让他来管管你。因为老师生气了。"然后拉着他出了教室，他跟着我走，没有一点犹豫，神情也不紧张，这是怎么回事？我发觉这个孩子一定是在家里比较娇惯，天不怕、地不怕，觉得所有人都应该围着他转，犯了错，所有人都对他说不要紧，不尊重教育他的人，也意识不到自己有问题。

这是我在他这里遇到的难题，我该想想办法了。此次吓唬加严厉的教育中，他似乎占了上风，我也在抓紧时间调整我的战术。老师不是和他对立的，至少不能让他这样认为，所以每次他表现好，我表扬他的时候，我都会找机会刻意跟他说话，让他意识到老师很爱他，爱他的表现就是教会他知识，表现好的时候表扬，如果做错了事就要教育好，并且告诉他，做人要记得别人的好。这一点对于他这样的孩子很重要，在我搂着他，拍着头，说这些话的时候，我感觉我们的距离近了，有时候他听出了我话里的意思，有点局促，所以嘟起了嘴。我在心里说："小鱼上钩了，要稳住呀！"

其实老师在学校里充当的角色是老师，是朋友，有时候是妈妈，为他们做很多事情都是理所当然的，但每次只要是他来找我，有求于我，我都会给他"催眠"，说老师很够意思，有什么忙都会帮你，你这个朋友也得够意思，不能有了错，老师批评你的时候就忘了我的好，觉得我是仇人啊。这样半开玩笑半认真的话让他很不好意思地笑了。

慢慢地，我发现他很少犯错了，只要课堂上我的眼睛看着他，他就很努力地做好，表现好了，我就奖励，并去摸摸他的头，孩子总是淘气的，有时候他做了坏事，别人告状来了，我回头看看他，他的表情里有愧疚，不敢看我，我就迎着他的目光走过去，摸摸他的头，安静地站在他旁边，效果好得很，他马上就乖了，让我十分欣慰。

原来两个人的较量不是力量型的，有时候要讲究战略战术，"攻心术"很重要啊，如果总是一味强势，让孩子内心恐惧而屈服，我想对于这样的有思想的孩子来说，效果可能会打很多折扣吧。

爱孩子很重要，因为他们是一面面镜子，看着他们的眼睛，能照出自己的内心。他们的心是世界上最精密的仪器，只要你走近他，看着他，他就能测出你对他的关爱有多少，很神奇吧。

第二节　提高教学能力，做学生的学习良师

教育大计，教师为本。教师大计，教学为本。教师作为一种专业技术人员，其专业建设是一项浩繁复杂的系统工程。教师不仅需要进行日常工作中的教学实践，其本身还需要不断地进行学习或研究。只有在这样的情况下，才能保证教师知识的更新和先进，才能从根本上保证教育质量的提高，才有可能培养出创新型人才。西安高新国际学校注重教师教学能力的提升，树立教师专业发展理念，针对不同阶段的教师常见的问题有针对性地予以解决，在这样的情况下鼓励教师做学生学习中的得力助手。教师的专业知识和专业技能体现了一所学校发展的整体质量，也预示了学校未来发展态势。

一、教师专业发展理念

小学教师是履行小学教育教学工作职责的专业人员，需要经过严格的培养与培训，具有良好的职业道德，掌握系统的专业知识和专业技能。《小学教师专业标准（试行）》是国家对合格小学教师专业素质的基本要求，是小学教师实施教育教学行为的基本规范，是引领小学教师专业发展的基本准则，是小学教师培养、准入、培训、考核等工作的重要依据。

（一）师德为先

合格的小学教师应当热爱小学教育事业，具有职业理想，践行社

会主义核心价值体系，履行教师职业道德规范，依法执教。关爱小学生，尊重小学生人格，富有爱心、责任心、耐心和细心；为人师表，教书育人，自尊自律，做小学生健康成长的指导者和引路人。

(二) 学生为本

合格的小学教师应当尊重小学生权益，以小学生为主体，充分调动和发挥小学生的主动性；遵循小学生身心发展特点和教育教学规律，提供适合的教育，促进小学生生动活泼学习、健康快乐成长。

(三) 能力为重

合格的小学教师应当把学科知识、教育理论与教育实践有机结合，突出教书育人实践能力；研究小学生，遵循小学生的成长规律，提升教育教学专业化水平；坚持实践、反思、再实践、再反思，不断提高专业能力。

(四) 终身学习

合格的小学教师应当学习先进小学教育理论，了解国内外小学教育改革与发展的经验和做法；优化知识结构，提高文化素养；具有终身学习与持续发展的意识和能力，做终身学习的典范。

高新全人教师的专业发展培训与能力提升是在"学生为本，师德为先，能力为重，终身学习"的理念下开展的，在此基础上，高新全人教师的专业发展要求教师具有反思精神，注重提升深层次的反省能力。

二、教师专业发展阶段与问题

通常，从事教师这一职业，由一位新入岗位的教师发展成为一位具有专业能力的教师需要经历三个阶段，如表 6-1 所示。

表 6-1　教师专业发展

	角色适应期	经验积累期	专业成熟期
专业理念师德修养	教师守则、爱的教育、法制教育、身心健康	敬业爱岗、沟通合作、专业发展、情操修养	为人师表、治学严谨、职业境界、师德楷模
专业知识	课标教材解读、学生学习方法、教学心理学、教学测量	学科知识拓展更新、教学思想与改革、学科教学论、教学评价	课程论、学习论、比较教育、教育研究方法、教育哲学
专业能力	教学设计、课堂管理、观课评课、考后分析、师生沟通、班级管理	差异教学、学法指导、学生评价、活动设计、教学研究、教研活动	课程设计、特长展示、教育评论、带教新人、专题研究、学术引领

在角色适应期，教师刚刚入职教师行业，处在"契合规范，认清自我，探寻目标，蕴蓄能量"的阶段，高新全人教师在这个阶段采用师徒制，老教师带新教师，帮助他们顺利度过这个阶段。

在经验积累期，新教师已经经历了职业适应阶段，处在"发现优势，选择路径，尝试求索，积累经验"的关键时期，针对这个阶段容易出现"高原效应"，教师容易出现职业倦怠的情况，学校安排很多出外交流的机会或者专家讲座来帮助教师平稳度过这个阶段。

在专业成熟期，教师度过"高原效应"，逐步掌握了教学艺术，体验到教育魅力，需要在"提炼成果，彰显特色，迁移拓展，着意创新"方面下功夫。学校会邀请专家名师来交流指点或者提供出国交流机会，给予教师自信，助力教师职业发展。

值得一提的是，这三个阶段不是截然分开的，没有明确的界限。教师的专业发展是学校教育品质的重要保障。作为一名教育工作者，要把教育当作事业来成就，这才是爱的教育；把工作当作使命来完成，这才是真的教育；把责任当作荣誉来成就，这才是善的教育；把奉献当作价值来体现，这才是美的教育。一名教育工作者如果不能耐住寂寞，不能倾心钻研，不能享受孤独，不乐在其中是搞不好教育的，因为教育需要全身心投入，需要抛弃一切喧嚣，用心、用情、用智才能做好。

听《手捧灵魂十二问》讲座有感

师杜娟

本学期有幸聆听了追梦书生郑立平《手捧灵魂十二问》的讲座。本次讲座使我受益匪浅，让我重新认识了自己的职业，重新梳理了自己的人生；让我明白了人的价值取向是什么，我要做一位怎样的老师才拥有幸福的人生。

郑老师观点：你是为学校、为校长而工作，还是为自我、为兴趣而工作？

我觉得这个问题提得非常有价值。一个人如果不能够清楚地认识到自己的人生目标是什么，为什么而工作，那他的工作是漫无目的的，是行尸走肉式的，长此以往机械式的工作，便会缺少了奋斗的动力，失去工作的热情和创造力。

当满桌子的作业、试卷摆在你面前等待批改的时候，当纷沓而至的备课、学案、反思、笔记轮番轰炸的时候，当一个个"问题孩子"层出不穷的问题呈现在你面前的时候，当拖着疲惫的身体回到家还要把论文写出来的时候，你是否觉得教师这份工作真的很累，很辛苦？你是否还能发自内心地露出灿烂的笑容，心满意足地说"我很幸福，我要努力工作"？

幸福——仿佛真的离我们很遥远，伸出手来触摸，如镜中望月、水中观花。整日为繁杂琐碎的事而忙碌，过的是"非常五加二"和"白加黑"的生活，何谈"幸福"？

可是，当家长拉着你的手真诚地对你说"老师，把孩子交给您俺放心"的时候，你是否有一种被信任、被爱戴的幸福？当课堂上一双双明亮的眸子闪烁出智慧的光芒，一只只小手争先恐后地举着说"老师，我，我，我！"的时候，你是否有一种"得天下英才而育之"的幸福？当教师节来临之际，学生们调皮地拿出他们偷偷购买的小礼物，不好意思地说声"老师，节日快乐"，然后飞也似的跑掉了的时候，你是否有一种欣慰、感动的幸福？当那一张张写着"优秀班主任""优秀教师""教学能手"的证书赫然呈现在你的面前，你被领导、同事啧啧称赞、竖起大拇指的时候，你是否有一种收获成功、实现自我价值的幸福？

其实老师的幸福感要求实际很简单：我们就是在这殷殷的期望中，在这甜甜的问候中，在这小小的成就中感受到人生的幸福与满足，这种幸福是发自内心的。学习和生活中最重要的动力应该是对工作的热爱、对工作结果的兴趣和知道这结果对社会的价值而产生的快乐。当我们清楚地认识到工作给我们带来的快乐，工作是我们实现人生价值的平台，是我们获取幸福的源泉时，是不是对工作就有了新的看法，不再觉得是为学校而工作，为校长而工作，而是发自内心地把它当作一份事业来做，这时你的热情，你的创造力，就会得以前所未有地爆发。让工作成为自己喜欢的事情，为兴趣而工作，把它当作你的事业去奋斗吧！

从这一点来看教师这个职业，不仅仅让我们有了立家之本，更让我们实现了自我价值，体验了成功的喜悦和被尊重、被赞赏的幸福！我们把教育当作理想来追求，用人生的激情来点燃未来的希望之灯，用教育的理想来打造理想的教育，用理想的教育来实现教育的理想。我们是幸福的，我们得到了思想的充盈和精神的富足。我们照亮了学生，也辉煌了自己。当看到一批批学生踏进大学的门槛，走向社会需要的每一个角落，我们幸福；当看到自己的文字变成铅印被人称颂，我们幸福；当精心准备的公开课受到领导、同行的赞赏，我们幸福；当我们在数十年的教育生涯中，敲开了学生一颗颗文明、上进、感恩、豁达的心，我们幸福。

事业，是我们幸福的根本。没有事业，我们的幸福，便是无根之木、无源之水。不要抱怨工作的烦琐冗杂，不要感慨职业的劳累艰辛。既然生活赋予了我们这份沉甸甸的责任，我们就应义不容辞地挑起，相信挑战与机遇并存，幸福会在磨炼与考验之后悄然而至。"投之以木瓜，报之以琼琚。"事业回赠给我们的必将是丰硕的果实和甜美的感觉。

《窗边的小豆豆》读后感（有删减）

李春燕

《窗边的小豆豆》讲述了作者上小学时的一段真实的故事。小豆豆因淘气被原学校劝退后，来到巴学园。小林校长却常常对小豆豆说："你真是一个好孩子呀！"在小林校长的爱护和引导下，一般人眼里"怪怪"的小豆豆逐渐变成了一个大家都能接受的孩子。巴学园里亲切、随和的教学方式使这里的孩子们度过了人生最美好的时光。这本书不仅带给全世界几千万读者无数的笑声和感动，而且为现代教育的发展注入了新的活力，成为20世纪全球最有影响的图书之一。

在巴学园里，老师的教育方式很特别，其特别之处体现在两个方面，一是课程的设计，二是教学将理论与实践联系起来。

书中提到，一般的学校里，如果第一节课是语文就上语文，第二节课是算术就上算术，都是按照课程表的顺序上课的，但这个学校却完全不是这样。

在第一节课开始的时候，由女老师把当天课程表上全部课程的问题都满满地写在黑板上，然后对学生们说："好，就从你自己喜欢的那个题开始做吧！"

所以，不管是语文也好，算术也好，学生们都是按自己的爱好想做什么就做什么。喜欢写作文的孩子在写作文。坐在后面的孩子爱好物理，就点燃酒精灯，把烧瓶烧得咕嘟咕嘟地往上直冒泡儿，或者又把什么东西引爆了。这种情形在每个教室里都能看到。这种上课的方式，对于老师来说，是了解学生的最好方法，因为随着年级的升高，老师就能清楚地掌握每个孩子的兴趣、特点、思考问题的方法以及他们的个性。

再者，对于学生们来说，他们也可以从自己喜爱的学科做起，这就能引起他们的兴趣，即使那些不喜欢的学科，只要在放学以前做出来就成，所以他们总是能够想办法完成。而且，自习的形式也是多种多样，如果确实搞不懂了，或者到老师那里去问，或者请老师到自己的座位来讲解，一直到完全领会为止。还可以从老师那里领来例题，再继续自习。这才是真正的学习。因此就等于根本不存在学生呆呆地听老师宣讲这种情况了。

这就体现了"活动课程"的思想，以学生的兴趣、需要、经验和能力为基础，通过引导学生自己组织的有目的的活动系列而编制课程。而且对于刚上一年级的豆豆这类学生来说，引导其兴趣比机械地传授知识更重要。这样，孩子们的积极性、自主性被调动了，发挥他们个人的潜力、个性和创造性，提高他们处理各种实际问题和社会生活的能力与品德修养，尤其是低年级儿童的生动活泼个性得到了发展。

老师们在学生完成作业之后，会听取学生的意见，进行学生喜欢的课外活动，如散步等。关键是老师在实践活动中传授知识。书中提到，孩子们在菜花地里观察花朵的构造，老师边让孩子们观察，边传授自然知识。在书中，学生完成作业之后，老师会听取学生的意见，进行学生喜欢的课外活动。

这种课外活动，对孩子们来说，表面上好像是自由游戏，实际上却学到了宝贵的理化、历史和生物学的知识。而这一切又正是在不知不觉中学到的。

优秀的教师需要有高尚的师德，而高尚师德的核心便是"热爱学生"。教育是爱的共鸣，是心与心的呼唤。爱学生是教师的天职，是教育好学生的重要条件。在一般人眼中，小豆豆活泼好动，行为古怪，经常问些让大人哭笑不得的问题，俨然是个"问题"孩子。可是小林校长接收了这个孩子，并且发现了她的闪光点。

教师只有热爱学生，才能教育好学生，才能使教育最大限度地发挥作用，才能真正成为杜威所谓"天国引路人"。学生"亲其师"，才能

"信其道"。教师对学生的爱是一种巨大的教育力量，也是一种重要的教育手段。它往往能激发起学生对教师爱戴、感激和信任之情，使学生愿意接近教师，接受教师的教育。正如苏联教育学家捷尔仁斯基所言："谁爱孩子，孩子就爱他，只有爱孩子的人，他才可以教育孩子。"

学校对于德育应该高度重视。德育的传授不是在课堂上靠老师的苦口婆心，而是贯彻到生活中。懂礼貌等道德行为规范已经深入孩子们的生活中。好的德育，能够满足学生的道德需要，启发学生的道德觉醒，规范学生的道德实践，引导学生的道德成长，培养学生的健全人格，提升学生的人生价值与社会理想。

德育应该以生活为基础，要寓于经常的活动与交往中。德育的理论学习要见诸行动。学校应该注重引导学生的实际活动与交往，组织他们适当地参加集体生活、公益活动、社会服务，让他们在实践中锻炼成长，深化思想认识和情感体验，养成好的行为习惯。

不过，虽然"巴学园"实实在在地存在过，但是有些超现实。对待像小豆豆这样的特殊孩子，是应该用特殊的教育方法。她毕竟是一个"问题"孩子，她离开了传统意义上的学校，来到这所由旧公车改造的学校学习，对她来说比在其他学校能学到更多的知识。现在看这本书的意义，除了感受小林先生独特的教育理念和做法外，就是要重视像小豆豆这样的孩子的教育，要为他们创造一个能够像正常孩子一样的学习环境，因为他们也有受教育的权利。每个孩子都是唯一且独特的，让每个孩子在自己所长的方面有所发展，得到成功的体验，快乐而健康地成长，这就是我最大的心愿。

诗意的教育　灵动的梦

张冠楠

春节假期虽未能在家里上网读书，休闲散心，但却有了与名师近距离分享教育乐趣的难得机会。北京史家胡同小学教师、全国特级教师万平老师的报告着实让我的内心受到了诗意教育的洗礼。

曾经认为苏霍姆林斯基的教育充满诗意，他的诗意之源正来自这样的教育梦想："培养真正的人！"他说："你作为一个人生了下来，但要成为一个大写的人。真正的人要有一种精神——人的精神，这种人的精神会在信念与情感、意志与追求之中，会在对待他人和自己本人的态度上，会在分明的爱与憎，在善于看到理想并为之奋斗方面表现出来。"没有人的完整性，便没有完整的人！在这个技术主宰一切的时代，教育，包括我们的语文教育，封闭了通向人的灵魂的大门，生命的诗意被无情地锁定在功利主义的黑洞之中。

还记得自己上师范时有一个梦：让语文教育成为生命的诗意存在。但功利化的语文教育，已经越来越远离诗意。在诗意被放逐的课堂里，令人惊异感奋的语言却化为僵直的图解，盈天地之美的诗意却被任意平面削切，母语的温润与魅力正在离我们的孩子渐行渐远。

聆听了万平老师的报告，我更感受到的是她对学生深深的爱。

爱是教育的本质。冰心老人说："有了爱就有了一切。"爱满天下的情怀不独教育家所有，心中有爱的人都有。然而要成为教育家则首先必须有爱。爱是教育的前提，是教育的出发点也是落脚点，是诗意教育的本质和内核。

教育应该是富有诗意的。理想中的教师应具有诗人的浪漫，哲人的智慧，艺术家的审美，科学家的精邃。或围聚炉边，谈经论道；或相拥秉烛，促膝成眠，甚至包括狩猎采摘，耕耙编凿……长者长须飘飘，谆谆教导；幼者屏息凝神，驻足聆听，其情之浓浓，其乐亦融融。孔子游春，程门立雪，教学相长，见贤思齐，剪烛西窗，如沐春风……翻阅历史典籍，这些教育佳话比比皆是，教育诗意盎然。

这些教育的梦想之境只会为倾注生命于其中的教师所营造，在感慨之余在心中默默对自己说："爱着我的孩子们，爱着以后的孩子们，用心去感受，用心付出，生命会在此中得到圆融的美满。"

三、教师是学生学习中的得力助手

看似纷繁复杂的社会现象细心起来总会发现隐藏其中的教育时机。"不愤不启，不悱不发"是古代师者所倡导的教育智慧，而维果斯基的"最近发展区"告诉我们要想取得好的教育效果必须把教育内容控制在孩子经过努力可以获得的程度，这又何尝不是一种教育智慧呢？做学生学习中的得力助手，就是要做一个拥有教育智慧的教师，在具有情境性和自由性的教育现场中把握教育时机，灵活运用教育艺术，达到育人于无痕的效果。

教学故事之情感交流

杨蕊

这学期我接的是新班，孩子对新老师要适应的不只是教学风格，更重要的是"情感"。对三年级的孩子来说，从心理上接受了新老师，喜欢上新老师，就会更爱学数学，自然就能学好数学。

开学初我发现班里有这样一个女孩子，她经常不写作业，课堂上不认真听，上课铃响后还在看课外书，通过暗示，单独谈话讲道理，甚至严厉批评等方法都没有使她改变这种学习状态，她表现得似乎不想和我沟通，但嘴上却一直是认错，下保证，我很为她担心，与班主任沟通后得知她原来是一个数学成绩很优秀的学生，为什么会这样呢？在平时课堂上，以及下课后我很注意观察她，发现这些行为都是她故意的，和她妈妈沟通后更加确定了我的判断，她就是想不通为什么原来的老师不教她了，从心理上有抵触情绪。从此以后我见她就会对她微笑，想找时机和她谈谈。

有一次，给几个孩子个别布置一项强化计算的作业，我故意没有抄到作业本上，也没有给家长发短信，我说："我相信爱学习的孩子一定会自觉完成的。"检查作业时我说："完成作业的孩子请自觉拿给我检查，老师给你贴苹果，当然也有几个孩子没完成，我不想批评谁，我想你一定有合理的理由，一定有话对我说，下课我在办公室等你，我相信我们班的孩子都值得老师信任。"我知道这名女生肯定没写，因为她不敢看我的眼睛，这些话也是故意说给她听的。在后半节，我发现在我讲课时她自己在偷偷地补作业，刚开始心里确实有些生气，但是仔细一想，这不是一次很好的情感教育机会吗？

我走到她身边，没有批评，反而是表扬了她。我说："小 A 同学现在在补作业，我不会批评她，因为我看出来她确实是想学好数学呢，所以才会补作业对吗？这种爱学习的态度是值得大家向她学习的，但是对的事放在了不合适的时间，就变成了错的事，现在你该怎么做？"她收起了作业本，眼睛里流露出了感激的目光。

到了下午她自己来找我了。我问："你想对我说什么？"她支支吾吾，不好意思地说："我没写完作业。"我说："没关系，谢谢你今天来主动找我，这是这个月最让我高兴的一件事，知道为什么吗？今天作业可以不用补了，因为我相信小 A 以后再也不会不按时完成作业了。想知道你在我心中是个什么样的孩子吗？"小 A 流着眼泪不说话，我说："你很聪明，也很懂事，我相信你和以前数学老师的感情一定很好，说明你很重感情，我很羡慕那个老师，希望我们也能成为朋友，我相信你的学习不用任何人操心，你自己能学好，任何时候任何事情需要帮助都可以来找我。"从此以后，她听讲很专心，作业很用心，学习不费心，老师很放心。

学生毕竟是孩子，有时候犯了错，或是忘记了写作业，或是上课不专心，谈话时告诉他原谅他并提出期望有时候会比严厉批评更有效果。学生需要得到老师的信任，需要知道老师是爱他的，有了这样的感情基础，课堂不用花太大力气去刻意组织，学生也会很愿意听讲、思考，课堂教学自然会高效。

第三节　加强师德建设，争做学生人生导师

一个好教师的标准，首先看他是否具有爱心，爱是教育的起点，又是教育的落脚点，没有爱就没有教育。其次，是看他是否有责任心，是否能够肩负起教育孩子的重任，是否能把一切为了孩子、为了一切孩子、为了孩子的一切、为孩子的终身发展奠基作为一生事业的追求。再次，看是否能够走进孩子的心灵，和孩子一同分享学习、生活的快乐，分担挫折与失败的痛苦，并激励其不断成长，超越自我；是否能够俯下身子和孩子交流，用眼睛"聆听"孩子的每一句话；是否能够在教育孩子的过程中体现出民主、平等的教育思想，真正做到以学生为本，以学生的发展为本。最后，看能否善待孩子的缺点，宽容孩子的过错，培养孩子明辨是非、美丑的能力；是否能够教育和引导孩子在反思中提高、在锻炼中成长。

一、基于生命的班级工作

班级是学校的单元，如同家庭是社会的细胞。"全人"本是高新全人教育的核心理念，班级管理中渗透着教师对每一个学生生命的尊重与爱护。

盒子里的秘密

张媛

从选择师范的那刻起我就在想，以后一定要做一个让学生终身受益的班主任，也总以为在一个教师的教育生涯里，如果没有当过班主任，那真可谓是种遗憾了。因为，不是班主任，总是少了些和学生"荣辱与共"的经历，也总是会错过许多激动和感动。但从教当了班主任以

来，才深切地体会到做一个优秀的班主任是多么不容易！

　　前年接了新一年级，除了延续之前的班级管理方法之外，我也一直在探索新的途径。谈到管理方法、管理经验，也许每个班主任都有自己独特的管理理念和丰富的管理经验，但管理的核心永远也离不开严明的奖惩制度。各种形式的评比在各班的教室里随处可见：雏鹰争章，红花朵朵，小组争先，班级之星，量化考核表……这些评比对学生日常的学习和生活及时地给出了评价和激励，特别是低年级的孩子对这样的评比更是积极，得到一朵小红花甚至能鼓励他在一个星期里认真努力。

　　时光飞逝，一年级很快就要结束了，我慢慢发现孩子们对小红花、小红星，对卡通印章、大拇指……不再是那么热衷了，红花榜上没有红花也无所谓，甚至有同学悄悄地自己在家剪好一模一样的小红花来为自己"添彩"，还有同学说："老师发的贴画有什么了不起，我回去就让我爸买。"看到这些现象，听到这些话语，我便反思，是我们的管理方法出现了问题吗？还是过去的方法已经不太适应现在这些信息时代的孩子？就在我困惑的时候，正好读到一位教育专家的文章，其中谈到让孩子的奖励充满未知，充满期待，奖励也可以有多种形式。是啊，班级管理就应该经常变化，使之充满新鲜感，才能调动孩子们参与的积极性，才能让他们在游戏规则的潜移默化中遵守规定。

　　于是，在二年级开学的第一天，我拿来了两个漂亮的盒子，上面分别写着"奖励"和"惩罚"，孩子们瞪大眼睛看着我，脸上写满了"好奇"。接下来我给每位同学都发了一张纸条，让他们写下他们最希望得到的奖励，孩子们你看看我，我看看你，不知道该怎样下笔，这时我提示道："可以是具体的物质奖励，比如说文具或其他小礼物或除了这些东西以外的你自己的一个小愿望。"话音未落，孩子们已经开始在纸条上"奋笔疾书"了，写完之后，我把这些纸条郑重其事地放到写有"奖励"的盒子里。之后该干什么孩子们都明白了，该写"惩罚"的办法了，我又说："惩罚的办法要把握尺度，不要写做不到的，也不要写对同学身体或自尊心有伤害的，达到教育的目的即可。"孩子们很快完成了"惩罚条"，等着我来宣布游戏规则。

小红花还得继续延用，根据每个同学平时课堂、作业、劳动卫生、思想品德、文体活动等方面的表现，随时进行小红花奖励，攒够10朵小红花就可以在"奖励箱"中抽一次奖励，如果违反一次班级规定和纪律，就在"惩罚箱"中抽一次惩罚。结果，每个人都因为害怕抽"惩罚"而小心翼翼，都希望得到"奖励"而努力争取小红花。自此，班里的好人好事越来越多，课堂的纪律越来越好，作业的准确率也越来越高。

一天放学后我准备锁门离开教室的时候，突然很想看看孩子们的奖励、惩罚纸条上究竟都写了些什么。我把纸条从盒子里倒出来，一下子就被孩子们那单纯而简单的小愿望深深感动了，他们用幼稚而认真的字写着"当一天班长""放学留下打扫一次卫生""早读的时候可以领读""当一个星期的语文课代表""让老师亲一下""和某某同学坐同桌"……惩罚条上大致写的是"罚擦黑板""罚不许借班级图书""罚抄最长的课文一遍"……我翻看着不时笑出声来，孩子们的世界就是这样纯净美好，而我们这些做老师的，是不是总是习惯用成人的思维去衡量和思考孩子的世界呢？

迄今为止，奖励箱里抽到的奖励总会不断地带给大家惊喜，而惩罚箱却一直默默地待在角落里，因为我希望永远不要有人去抽那里的惩罚，惩罚箱永远只发挥它的威慑力就足够了。即便学生真的违反了规定，我也是先教育，然后再给一次机会以观后效，这样学生不仅能改正错误，而且对老师也是十分感激，让他免受一次惩罚，毕竟"惩罚"只是一种教育的手段并非目的。就让惩罚箱里的那些小纸条成为永远的秘密吧！

班主任工作千头万绪，纷繁复杂，也是一门深奥的学问，需要我们不断地在实践中去尝试、去总结。相信每一位班主任在辛苦和劳累之后一定也会体验到浓浓的甜蜜和幸福。

二、基于关爱的评价艺术

"没有爱，就没有教育"。教育的本质是人学，教育中的评价无时无刻不流露着爱与关怀。教育的评价艺术并不只是体现在考试分数中，为师者一个眼神、一个动作、一句言语都可以展现出教师对学生的评价，高新全人教师非常重视掌握基于关爱的评价艺术。

让学生感受到老师的爱

王维利

"您热爱学生吗？"大多数老师的回答是肯定的。然而，当问及学生"你体会到老师对你的爱了吗？"我想回答"体会到了"的恐怕不多。如何让学生感受到老师的爱呢？

一、在课堂教学中让学生感受老师的爱

老师与学生的直接接触主要在课堂，师生之间情感的建立和发展也主要在课堂。课堂上老师一道友好的目光、一声亲切的呼唤都会让学生如沐春风。课堂上老师"传道、授业、解惑"，学生接受知识。如果他们之间没有情感的交流，没有一份爱融入其中，那么老师的讲解不会生动、有趣，学生也只能是被动地、不准确地接受。所以，在课堂教学中老师应当让学生感受到自己的爱。

首先，教师要热爱教育事业。没有爱就没有教育，失去了对学生的爱，教师也就失去了一种强大的教育力量。教师只有热爱教育事业，才会去研究、钻研教育，把自己的整个身心投入教育中，教育质量才会得到提高，才会在课堂上以自己精深渊博的知识、精湛的教育艺术赢得学生的爱。

其次，教师在课堂教学中要保持健康良好的心态。课堂上教师的心态直接影响着学生的学习体验。试想，一个情绪忧伤、易暴、易怒、焦虑、缺乏自信的教师，遇到一个小小的课堂问题，他们处理的方法就会简单、粗暴，甚至体罚学生，使学生如坐针毡、惶恐不安，师生交流受阻。心态健康的教师能在教学中创造一种和谐、温馨的气氛，会把学生放在首位，去理解和体会学生的情感、态度和发展意向及其发展过程中的自由、创造和选择，尊重他们的人格，去支持他们、鼓励他们、引导他们、帮助他们，把他们看成一个个有血有肉的人，学生才会在教师的尊重和信任中感受到教师的那份情、那份爱，学生的学习才会有创造性、才会有效果。

二、在作业批改中让学生感受到老师的爱

教师与学生的另一个接触机会是在作业批改中。学生在进步时需要鼓励，在困境中需要关爱，在学习上需要启发和帮助。教师在学生平时的作业和试卷批改中及时地附上三言两语虽是举手之劳，但对学生来说可能是一字值千金，在一个时期甚至是终身都将受益。当学生取得进步时，老师对他们的鼓励会使他们更加自信；当学生遇到挫折时，老师对他们的关爱会使他们感受到"只要人人都献出一点爱，世界将会成为美好的人间"；当学生在知识上出现错误时，老师的启发和帮助会使他们豁然开朗。

三、在课外交往中让学生感受到老师的爱

不仅在教学中，在教学之外也有大量的师生接触。教师要善于在课外与学生交流，以缩短教师在课堂上与学生之间的距离。教师要主动去接近学生，询问学生的生活、学习情况，及时给他们帮助和开导。教师要善于和学生交朋友，同他们一起交谈、游戏，把自己和学生融为一体，在细微之处让学生感受到老师真诚而深厚的爱。

教师是学生心目中的"包青天"，学生中发生的许多事情，都需要从老师这儿得到帮助和解决，那么，让学生感受到老师的爱，还要注意以下几点。

1. 公正地评价每个学生

教师对学生要一视同仁，不偏爱"尖子生"，不忽视"中等生"，不厌恶、惩罚"后进生"，公正地评价他们的优缺点。

2. 言行要"拘小节"

学生是最敏感的，教师一个随意的手势，一个无意的眼神，一句随口说出的话语，都会在他们的心弦上弹出一个音符来，有意地讽刺、轻视、挖苦对学生是极为有害的。

3. 批评中要有爱

教师的爱是一种严慈相济的爱，教师不仅要怀着一片爱心去鼓励、赞扬学生的点滴进步，而且要怀着同样的爱心去批评、指正学生的缺点、错误，由于批评易引起学生不悦、反感甚至恼怒，所以教师要运用教育艺术，在批评中仍能让学生感受到教师的真诚之爱。

4. 微笑面对每一个学生

"微笑"能让学生对老师"敬"而不"畏"，能让学生感受到老师的慈爱。请微笑着面对每一个学生。

请让每个学生都能感受到老师的爱！

三、基于终身发展的教育教学

基础教育阶段的学生是处在发展中的孩子，是成长中的孩子。高新全人教师要站在终身发展的角度进行教育教学，去悦纳孩子身上暂时存在的不足和缺点，选择恰当的教育时机，采用合适的教育方法，为孩子的长远发展考虑。

野百合也有春天

杨红娟

我们的教室里，有许多盆绿色植物。我喜欢看它们生机勃勃、郁郁葱葱的样子。教室外面学生的作品展览，我也喜欢贴上各式各样的花儿，这各式各样的花儿，就像这些可爱的孩子，每一朵都那么漂亮，但每一朵却又那么不同。

小雪就像美丽的牡丹，学习、纪律都那么出色，任何时候都那么引人注目；小言就像蓝铃花，默默地学习，说话不多，惹得每一个人都怜爱她；小宇就像石榴花一样，热情、奔放，对一切都充满了激情；小吾就像一朵可爱的太阳花，任何时候脸上都挂着甜甜的笑容……

可是，想起小元，他是一朵什么花呢？

年级里，提起他的大名，没有人不认识他。

还未见其人，你就会先闻其声。他从来不会小声讲话，粗喉咙大嗓门，与他五大三粗的形象十分吻合。他爱吃、懒动、好斗。每天中午，不等送餐的师傅打开饭盆盖，他就会报出当天吃什么，而且一猜一个准。打饭时，他也会一马当先，第一轮打饭刚刚结束，他就会迫不及待地跑出来，给自己再美美地打上一碗。我们班同学都笑说，他该交三份餐费才合适。说到懒动，他也是出了名的，每天的课间操，他都会找各种借口不去上。他是语、数、英三科老师关注的重点对象——因为懒，他总是不能按时完成作业。经常都是语文老师刚刚将他带走，数学老师就来找他了。他的同桌、组长饱受其苦，经常为催促其作业，帮助他学习而受辱骂、挨拳头。哎！这样的一个学生，真让人头痛啊！

那一天自习时，同学们都交了作业，检查总数时，我发现他又没有交作业。再三催促下，他拿来了作业本，竟然一个字都没有写，问其原因，说"不会"。于是，我将所有习题都给他做了认真分析和讲解，还再三问他"都会了没有"。确定没有问题了，让他去完成。可是都快等到放学了，也没有见他交来。翻开他的本子，竟然还是一个字都没有写。我生气极了，对他大发雷霆。批评完他后，他离开了讲台，竟然走出了教室。我惊得瞪大了眼睛，他胆子也太大了！完全不将我放在眼里！看来要和家长好好谈谈了！过了没多久，他回来了，手里拿着我的水杯，里面有满满一杯温水。快步走到我跟前，什么也没说，放下水杯，转身回到了座位上，又开始写作业。此时的我，心情复杂极了。我为孩子的无邪而感动，更多的是为自己的狭隘而内疚。当他把作业交上来的时候，我冲他微微一笑："完成得不是挺好的嘛！以后也要按时完成作业哦！谢谢你对老师的关心！刚才不该那样狠狠批评你。""老师，您批评得对，您和我妈一样，那样都是为我好。"多可爱的孩子啊，多纯洁的心灵，他不就像盛开在寂寞的山谷里的野百合嘛！

从那以后，当他不小心犯错时，我会给予他宽容的一笑。在他胆怯不敢向前时，我会给予他真心的抚慰与鼓励。在他调皮捣蛋时，我既给予他真诚的批评，又送上和风细雨的叮咛。慢慢地，我发现他的优点越来越多：班里的脏活、累活，他都抢着干；和同学们相处得也越来越融洽；对待学习也积极、主动了许多；对同学们提出的意见，也能正确对待了……

前几天午餐时间，他还将自己亲手制作的寿司与大家分享。别说，手艺还真不赖呢！同学们开玩笑说：那么喜欢吃的一个人，怎么舍得将自己的最爱给大家呢？他不好意思地说："你们怎么还用以前的老眼光看我，你们对我帮助那么大，我很愿意为你们做寿司呢，希望大家吃了多提宝贵意见，我会做得更好吃呢。"他悄悄告诉我说，自己很喜欢做饭，以后长大了，要做最有名的厨师。

春天里，五彩缤纷的花儿竞相开放，装点着这个世界。我提醒自己：别忘了，寂寞的山谷里，野百合也有春天。

教师是教育发展的主力军，是学生成长的见证者。作为高新国际学校的一名教师，首先，要热爱教育事业，对教育有爱心、关心和责任心；其次，要不断提高教学能力，学而不厌方能诲人不倦；最后，更要加强自身的道德修养，不断促进自己的人格完善。然而，高新全人教师的真正发展和实现还需要学校提供有力的积极的支持，只有在学校营造的民主、平等、宽松、和谐的教研氛围、工作氛围和人际关系中，教师才能实现自我成长和超越。为此，西安高新国际学校正在不断努力，以求构建一支思想先进、能力突出、业务精良、乐于奉献、积极向上的教师团队。

第七章 打造至高至美环境

"我们先塑造环境，环境再塑造我们。"这是英国首相丘吉尔曾说过的一句话。他强调了环境对人的发展的影响，强调环境建设的重要性。在我国古代，思想家荀子在《劝学》篇中讲："蓬生麻中，不扶而直；白沙在涅，与之俱黑。"亦是强调环境的影响力，强调君子"居必择乡"。学校教育离不开环境，这个环境很复杂，既有校内外环境区域之分，也有人文、社会、经济等环境性质之分，更有优劣好坏之质量之分。高新全人教育的任务之一，就是围绕高新全人的育人目标，创设全人教育成长、发展的良性环境，为培育高新全人提供优质的校内环境，这主要涉及校园空间环境、安全环境、饮食环境等诸多方面。

第一节　高新环境育高新全人

一所学校办得好坏，教育质量高低，虽然不能单从表面形式上去判断，但身处校园之中，如果使人感到环境幽静典雅，校园整洁美观，教室窗明几净，处处布置得体，就会使学生有一种舒适感、自豪感，爱校的热情便会油然而生。当然，对学校环境的布置和美化要符合教育的启发因素和心理规律。

绿化是校园环境建设的重要一环。树木青翠，花吐芬芳，会给人以清新舒适之意，走廊上放几盆绿植，会引起学生的美感体验。在欣赏美的过程中，往往会产生积极向上的美好愿望，并随之产生实现其愿望的内部动力。这是一种潜移默化的心理活动——一种被启迪或感染而激发出来的趋向美好事物的心理倾向。

美化环境的目的在于教育。文艺复兴时代的大画家达·芬奇在读书时，看到教室的墙壁上悬挂着一幅极其名贵高级的油画，心灵受到震撼，产生了浓厚的绘画兴趣，成为他绘画启蒙的"契机"。被誉为世界"发明大王"的爱迪生，在小时候看到实验室墙壁上悬挂的英国发明家史蒂文森的画像，他看得发呆入迷，如痴似醉，产生了强烈的羡慕、向往和追求的心理定向，成为他终身孜孜不倦发明创造的动力。中科院物理研究所研究员郝伯林教授，在中学时代被一次物理展览会的展品深深打动和吸引……人的培养除了与遗传素质、教育条件、智力高下等因素有关外，也不能忽视周围环境的"偶发诱因"。这也是我们在思考教育环境时需要重点探索的问题，在美化布置学校环境时，要尽量重视并提供、创造这些启发学生心智的环境因素。

西安高新国际学校在构建学校环境时，对学校贴近学生学习、生活实际的各种德育要素进行全面设计和充分运用，努力做到让学校的每一面墙壁都能说话，让学校每一处学习、生活场景都能育人。让学校德育信息的输出，融于学校的一切活动中，尽可能以自然的方式对待物质环境和精神环境，在看似自然的表面下，传递着教育的内涵，减少刻意的和人为的痕迹。同时，还要注重创设情境和氛围，引导受教育者去感知、体会和自觉深思，让学生在良好的氛围和潜移默化中受到启迪、接受教育，产生内在的需要和情感上的共鸣，从而主动实现教育的目的。

我们通过一系列的校园规划、改造、创新，对贴近学生学习、生活实际的各种环境要素进行全面、独到、细致的设计，创建学校特有的校园文化体系，实现校园中一草、一木、一墙、一砖都能散发出高品位的文化气息，诉说着高新全人教育的价值追求，实现校园里每个角度都是学习场景，都能围绕育高新全人而发挥作用，努力实现学校环境在学生成长过程中的教育影响。

在西安高新国际学校校园中漫步，你会看到：在教室、走廊、过道上有名人字画，书上有名言警句，但墙壁上悬挂最多的，一定是学生们的作品，孩子们的"杰作"，在向学生无声地诉说着，也在潜移默化地发挥着"润物细无声"的影响；在校园内布置出独特而富有创意的"文化角落"，创设文化生态环境，使校园处处弥漫着浓郁的人文气息，充满着理想与激情。在这样多彩多姿的文化长廊中穿行，学生们感受着艺术的熏陶，感受着中外的文明，感受着生命与科技的伟大，在幼小的心里播下真善美的种子。

我们在走廊布置了书架，力求做到图书随手可得，使学校成为书的世界。学校进楼大堂一层设置了图书角，随时为学生提供丰富的精神食粮；二层设置了自然生态角，老虎、狮子、北极熊、苍鹰、大熊猫等栩栩如生，让学生如同置身于大自然中；三层设置了科技角，有军舰、航母、宇宙飞船等，使学生在科技的世界中遐想。在学校操场南侧，建成了一个小型奥林匹克花园，有假山、喷泉、摇椅、根据奥运会比赛项目做成的运动小人，让学生既能休闲放松，又能感受奥运精神。学校还沿着校园围墙开发了一些菜地，分成条块，形成"责任田"，承包给每个班，每班负责两块，种青菜、黄瓜、番茄、辣椒等，成为学生的"创意菜园"，使学生体验劳动的快乐、劳动的幸福，体验收获的喜悦，更全面理解汗水、辛苦、珍惜、快乐、收获的真正内涵。

学校在环境建设过程中，在随处可见的"常态化"的学校环境中强调"育"的含义，努力创造健康向上的精神氛围，并以尊重学生的主体性为出发点，以"随风潜入夜，润物细无声"的方式，用丰富的精神养料滋润学生的心田，通过这样日积月累、潜移默化的浸染，使每个学生形成健康向上的独立人格，从而热爱美丽校园、塑造美丽心灵。

环境离不开基础绿化和净化。春天，迎春花金黄灿烂，玉兰花洁白淡雅，樱花云蒸霞蔚。夏天，高大的栾树、榆树、杨树，洒下浓浓的树影，遮挡着烈日；龙爪槐顶着它大大的树冠，傲立于艳阳之下。秋天，葡萄藤上结满了晶莹的果实。冬天，花凋了，叶落了。校园那高大的松树依然苍翠，依然挺直。

校园整洁美观，教室窗明几净，在这优雅、舒适的环境中，怎能不使人产生自豪感。校园应是一首诗，一支歌，一幅画，一道风景，是全校师生精神风貌的体现。在如诗如画的环境里，人的精神会天天向上，人的自信会天天增加。在如诗如画的环境里，才能实现学校全人教育，才能实现"为每个孩子的完整发展提供更适合的教育"的办学使命。

第二节　环境：安全的才是教育的

稳定和谐的校园环境是建立在学校的安全之上的。安全文明是学校取得优异成绩的前提条件，也是学校持续发展的基础。校园安全事关全体师生的生命和财产，事关学校和社会的稳定和发展。我们坚持"安全第一，预防为主，及时发现，不留死角，快速处理"的原则，从增强师生安全意识,强化学校安全管理入手,积极开展各类安全知识培训、宣传教育活动,落实各项防卫措施,努力营造一个安全、文明、健康的育人环境,并围绕"创建安全文明校园、构建和谐育人环境"这一目标积极行动,扎实有效地开展创建平安校园活动,并以此提升学校文化品位,促进教育教学工作的顺利开展。

一、健全校园环境安全管理网络

安全工作涉及学校方方面面,安全无小事,事事关系到师生的切身利益。为把安全工作落到实处,学校遵循"责任到人,措施到位"的原则,健全制度,明确分工,切实做到了人人都是安全员,事事时时都有人抓安全。

(一)加强学校对安全工作的领导

学校成立了安全工作领导小组,校长担任组长,同时成立以各中心主任、年级主任、班主任、重要室馆管理员为主要负责人的安全管理实施小组。校长与主管副校长签订安全工作目标责任书,主管副校长与各中心主任签订安全工作目标责任书;各中心主任与年级主任、班主任、重要室馆管理员签订安全管理及安全工作目标责任书,层层落实责任制,按照"谁主管谁负责"的原则,建立校园安全文明建设工作责任追究制。凡因失职、渎职造成师生伤亡或学校财产损失的,都要追究领导和相关人员的责任,坚决杜绝重大安全事故的发生。

(二)加强安全教育,提高环境安全意识

后勤中心坚持每天13:45召开短会,每周四14:00召开部门例会,每周六上午专人值班等措施,及时沟通工作,安排工作,坚持填写工作日志。同时,多次对工作人员进行本专业业务学习教育、政治思想教育、安全教育、法规教育等。通过学习,不仅提高了后勤工作人员

的思想认识、组织观念、业务水平、工作效率，而且进一步提高了后勤工作人员的素质，弘扬了无私奉献的精神，更好地为学校全人教育服务。

(三)做好学校安全保卫常规性系统工作

这项常规性系统工作主要包括"一个核心、两个建设、三个体系、四个层级、五个结合、六个落实"。

一个核心即创建平安和谐校园。两个建设即学校安全保卫硬件建设和软件建设，硬件指安全、消防设施等，软件指各项制度、措施、机构等。三个体系，即安全管理体系、安全防范体系、安全工作检查体系。四个层级，即校长为安全管理第一层级，副校长为安全管理第二层级，各中心主任为安全管理第三层级，下属部门主管为安全管理第四层级，层层把关、层层落实。五个结合，即自查与他查相结合、普查与抽查相结合、经常性检查与阶段性检查相结合、各层级检查相结合、学校各层级检查与学生团体检查相结合。六个落实，即落实管理制度、落实值班人员、落实工作检查、落实宣传工作、落实安全教育、落实活动安全。

这些工作分工层层推进，环环相扣，记录备案，并每月做总结反思，形成平安校园长效有序的工作机制。另外，这些常规工作需要以学校安全制度予以确定和保证，因此学校定期修改安全制度，在建立健全各项制度基础上，切实做好各项规章制度的落实工作，使职责和分工明确，责任落实到每一个人。通过这些制度的执行和落实，建立起一套全方位、立体化的24小时监控体系。使学校安全工作做有法、查有据。

二、安全教育活动扎实、生动、有效

为了把"安全进校园、知识进课堂"真正落到实处，学校把安全教育放在了首位：一是对照《小学生日常行为规范》的规定和要求，开展警示教育；二是针对各种危险情况教育学生如何自救，开展自我保护教育；三是通过实物教育学生怎样识别食品商标、生产厂家、生产日期、保质期等，开展食品安全教育；四是开展体育课、课外及课间活动安全教育；五是开展交通安全法规教育。

为了增强活动氛围，学校利用各种会议对师生进行安全重要性的教育。在校内外悬挂安全警示语条幅，利用黑板报、宣传橱窗、主题班队会等进行宣传教育，强化学生的安全意识，使校园处处都能感受到讲安全的气氛。

校信通平台的搭建，又给学校开展安全教育提供了一个平台，学校通过校信通将安全教育的有关要求与家长沟通、探讨，使家长们认识到安全教育的重要性，以积极的态度配合学校做好学生的安全教育工作。

学校每学期至少进行两次安全演练活动，做好演练记录。

三、强化安全管理、安全检查

学校实行定期检查和日常防范相结合的安全管理制度。学校建立每天专人巡检制度，在消防、楼台、灯光使用设施方面严格检查，及时检修。对学校校舍、电器、教学、供水、供电等设施定期检查，准确记录，确保使用安全。对班级的用电线路、门窗、学校围墙、大门、厕所、楼房、外用电线线路等公共设施的检查常态化。同时细致地对学校的每一个角落进行安全排查，绝不留一个盲点、死角。每月举行2~3次的消防工作安全检查，并进行记录，对出现的问题及时整改，消除安全隐患。

切实保障校园各消防通道畅通无阻。公寓和班级内贴有突发事件疏散线路图。各楼宇内部消防箱内设施完好，各消火栓出水正常；灭火器均经常检查，无失压、过期现象，并在微机室、实验室等重点部位加放了灭火器。消防通道、应急疏散出口畅通无阻。应急照明、疏散指示灯、疏散标志定期检修，损坏的及时予以更换。

加强保卫人员素质。学校除了严格门卫制度以外，还组织保安人员定期进行业务及安全知识学习。门卫及保安是学校安全工作的重要部门。为切实加强门卫管理，做好学校的安保工作，我校制定了《门卫管理制度》，对门卫管理由专人负责。目前，我校门卫人员实行三班工作制，坚持全天24小时值班，关键时间段交叉上岗。保安人员认真落实出入登记制度、校园巡查制度，做到巡查认真、记录详细，有效保证了校园安全。在上学、放学期间值周教师会到校门口协助学生上学、放学，并派出保安人员在校园周边进行巡逻，以保证学生上学、放学的安全。学校严格值班制度，实行领导带班制，重点要害部位实行昼夜值班，进行定时、定点巡查，并保证信息畅通，遇到紧急情况立即上报，并采取相应的处理方法。

学校的特种设备电梯在年检范围内使用。对特种设备的使用坚持"安全第一，预防为主"的原则，不让设备带病运行，因此，学校筛选了具有相关资质的维保单位，后勤部门与维修单位保持畅通的联系，定期保养，定期检验，并做好维修记录。

校内健身路径的器械和单双杠活动区进行经常性检查，发现问题及时整改，以防不安全的事件发生。

随着学生中独生子女越来越多，他们在家庭中受到的保护多，缺乏社会经验，自我保护意识和安全防范能力较弱。而随着社会的发展，社会治安问题更加复杂，这就大大增加了学校安全管理的难度，因而安全工作只有起点没有终点。

第三节　饮食环境：一切为了学生健康

高质量、高品质、高安全的饮食环境，是培育高新全人全部工作中基础的基础。学校拥有食堂，为师生提供一日三餐生活服务，对提升他们的生活、成长与品位追求，具有不可忽视的教育作用。饮食环境的建设，首先需要着力构建卓越的、安全的饮食环境。为了保证学校食堂工作顺利进行，为了促进教育教学工作的顺利开展，为了保障全校师生的身体健康，为了配合学校提出的高新全人教育理念的方向和思想，学校深入实施膳食管理，严把人员、物品、安全三道关。

（一）人员关

"民以食为天，食以安为先"是我们膳食管理的核心，也是管理的命脉，而与这个命脉最相关的是人员。

首先，强化管理制度。对餐厅全体员工建立并执行从业人员健康管理制度，建立从业人员健康档案，并依照《食品安全法》第三十四条第二款的规定，每年进行健康检查，取得健康合格证明后方可上岗。

其次，加强思想教育。学校餐厅定期对员工进行培训，学习有关食品安全卫生方面的法律法规，认识食品安全卫生的重要性，增强餐厅各级员工的责任心，贯彻各项管理制度，严防安全事故的发生，有效提高从业人员素质。

最后，强调个人卫生：从业人员要做到"四勤"——勤洗手、勤剪指甲、勤洗澡理发、勤洗衣服，保持良好的卫生习惯。每天早上餐厅负责人对从业人员个人卫生进行检查，凡是卫生不符合要求的，不得上岗。

（二）物品关

1. 采购

原材料的采购，是餐饮业重中之重的工作，也是预防食物中毒的重要环节。我们的采购由专人负责。负责人员必须掌握食品卫生知识和采购常识。我们的采购采用公开竞标的方式，进行固定性采购，物美、价廉是首选。

所有采购的原料，必须查验相关证件。供货者不仅要提供自身法定代表人身份证复印件、营业执照、产品流通许可证，同时还要提供所供应商品的营业执照、原材料工业生产卫生许可证、质检报告单，并确保在有效期内。对一些食品添加剂的采购，除了三证外，还要求提供详细的产品用量使用说明书，以确保产品使用安全。

食用有些蔬菜有一定的风险，如扁豆、四季豆，因为这类蔬菜含有藻类霉素，一旦没有煮透煮熟，会造成红细胞凝血；发绿、发芽的土豆含有龙葵素，一旦食用，会造成腹泻。苦杏仁、苦桃仁含有氢氰酸，过量食用会造成呼吸困难。因此以上各类菜品严禁购食。

2. 验收

所有原材料均由专人负责验收，从生产日期、质量认证、外表、气味、颜色等方面进行检查，必须是新鲜的，保质保量的，否则不予验收。

肉类、禽蛋类食品验收时还要看是否有动物检疫证明。

米、面、油的验收日期应是以当月生产为准。

对于不符合食品安全要求的原材料，即使采购回来或供货商送货上门，我们也不予接受。

3. 保管

餐厅库房由专人负责，为了保证食品安全，库房随时上锁，除管理人员外，其他任何人不得擅自进入，库房内设置有食品架，原料分类摆设。比如，主食区摆放有米、面、油和杂粮（绿豆、豇豆、小米、黑米、麦仁等）；副食区调料类，所有原料都在离地面35厘米、离墙面

45厘米、离吊顶65厘米的地方放置。库房严格执行出入库制度，并做好出入库记录，按时、按点送到财务，以便财务人员及时记账。对于三无食品或无质量认证标签的产品，严禁入库。库房管理人员必须穿戴整洁，并佩戴有效的健康证及卫生知识培训证，方可上岗。

库房管理员建立索证档案，索取的证明要分类并按时间顺序存档管理，档案至少保存两年以上。每次采购的原料均向货主索要采购清单，并保存至食品进食后无异常。

超过保质期或霉烂变质食品，及时销毁，不存放在库房内，并有完整详细的记录。

4. 加工

粗加工。肉类、禽类加工时，有专用的清洗池清洗，用专用肉墩、专用刀具进行切割，然后装入专用容器备用；蔬菜类，择去不可食用部分，在洗菜池中先用淡盐水进行浸泡，然后用清水冲洗干净，用专用菜板和专用菜刀根据食谱要求进行加工后，放入专用容器备用；根茎类蔬菜在专用洗菜池中浸泡，需要削皮处理的，经过削皮后再次清洗，然后用专用菜板、专用刀具根据食谱进行加工，装入专用容器备用。

烹饪加工。为了采取合理的烹调方法，尽量不破坏食物的营养价值，做出可口的饭菜，我们定期对负责烹调加工的师傅们进行培训，组织他们认真学习《食品卫生法》，熟悉各种烹调技艺，努力提高自身的业务能力，烹调的菜肴尽量做到色、香、味俱全。针对学校食堂的特殊性，严禁加工凉菜、凉面、野生菌。操作人员在加工食品中，严格按食品卫生要求操作，养成良好的卫生习惯。加工食品时，不得对着饭菜咳嗽、打喷嚏，食品在进行烹调时严格按照烹调卫生要求进行，不用手指直接蘸汤品尝，不用汤勺、锅铲盛汤放入口中品尝，要用专用碗品尝。制作好的饭菜要用清洁、卫生、消过毒的容器盛装，不能用抹布或围裙擦拭容器；制作好的饭菜也不允许放在地上，防止异物带入容器，对食物造成二次污染；煮熟的饭菜要及时进入配餐间，及时清理打扫地面、案台，废弃物及时放入污物桶，并将污物桶加盖，无防蝇的窗纱不得打开，烹饪加工需使用添加剂时，操作人员在使用前应看清产品标签和说明书，标签模糊不清或来源不明的添加剂不得使用，调料盒也必须有明显标识，标明盒内调料的品名、购入的时间和保质期，操作人员在不明确调料来源时，不得使用。

5. 留样

留样是所有环节中较为重要的一个环节，它是预防师生食物中毒的有效措施，是检验是否是食物中毒的重要依据，为确保师生食品卫生安全，每餐坚持饭菜留样，并在留样盒上标明菜名、日期、具体时间等，重量不少于 250 克，储存于专用留样柜里，温度保持在 2℃～8℃，留样时间为 48 小时，并有专人记录。

(三) 卫生关

1. 环境卫生

干净、整洁、明亮的环境，给人带来增进食欲的感觉。地面不得有食物残渣，地面坑洼处不能积有污水，泔水桶必须及时加盖，水池内外、排污地沟等处不能堵塞，有饭菜残渣要及时清理，灶台、操作台应干净、整洁，炒完菜要及时清理灶台并洗刷干净。库房保持通风、整洁、整齐、明亮。操作间的"三防"设施经常检查，保持完好无损，充分发挥"三防"设施的功能和作用。库房卫生保持清洁、地面干净、通风良好，物品摆放整齐，设置防鼠、防蝇等设施，粘鼠板每周一换。

粗加工区域管理的好坏不仅能影响师生的食品卫生安全，而且也能影响食物中毒是否发生。分设肉类和蔬菜洗涤池，并且有明显的标识，可防止交叉污染。盛装肉类（包括水产品）的容器，不得盛装蔬菜和加工好的食品，用完后必须及时清洗、消毒。加工过肉类和蔬菜的肉墩和菜板及容器及时清洗、晾干，保持粗加工区域的清洁卫生，保持上下水畅通，并及时清扫地面残留的废弃物等垃圾；未加工和未加工完的蔬菜不直接放置于地面，要放在不锈钢架子上，使其通风，防止霉烂变质。

操作间是烹调加工食品的重要场所，也是保证食品卫生安全的重要环节，所以要确保操作间干净、卫生、整洁。

2. 物品卫生

学校餐厅使用的餐具、容器等用具不仅用量大、周转快，而且与进餐者直接相关，如果餐具、用具、容器不洁，被病原微生物污染，通过就餐环节，病菌或病毒就会进入人体内，造成肠道传染病、食物中毒事故或食源性疾病的发生。所以公用餐具、餐盒、用具在使用前要严格按照消毒程序进行消毒。第一步是用热水洗去食物残渣（水温以 50℃～60℃为宜）。第二步是温水清洗，去除残留油脂等（水温以 30℃为宜）。第三步是消毒，采用物理法或化学法杀灭餐具上残留的病原微生物。学校餐厅使用的是物理法即蒸汽式消毒，用热力蒸汽灭杀病原微生物，水温一般控制在 85℃，消毒 40 秒以上。第四步是冲洗，用清洁卫生的清水冲洗。第五步是保洁，即将洗净消毒后的餐具、容器、用具放入保洁设施内备用，防止再污染。这就是人们常说的洗消"五步法"。

菜墩、肉墩使用煮沸消毒法，当水沸时将其放入水中，当水再沸时取出备用，这就是沸进沸出。

全体膳食工作人员，各尽其责，与时俱进，跟着学校的步伐和方向，把高新全人教育的理念渗透到实际工作中，以高超的业务水平和创新的智慧，为餐厅不断发展、进步持续注入动力和活力。